일본어 한자
암기비법
1200

일본어 한자 암기비법 1200

개정 1쇄 발행 2015년 12월 5일
개정 3쇄 발행 2018년 5월 10일

지은이 박나리, 니키
발행인 홍성은
발행처 바이링구얼
디자인 심즈커뮤니케이션

등록 2011년 1월 12일
주소 서울 마포구 월드컵로 31길 58-5, 102호
전화 (02) 6015-8835
팩스 (02) 6455-8835
메일 nick0413@gmail.com

ISBN 979-11-85980-09-6 13730

일본어 한자 암기비법 1200

박나리·니키 지음

바이링구얼

책의 특징과 구성

일본어에는 발음은 같지만 한자에 따라 뜻이 달라지는 단어, 짝을 이루어 서로 상반된 의미를 가진 단어, 결합하여 주로 함께 사용되는 단어, 비슷한 의미를 가진 단어 등 한자 하나하나가 아니라 비교하며 함께 익혀야 하는 한자들이 많다. 이 책은 일본어 한자를 가장 효율적으로 학습할 수 있도록 주제별로 한자를 나눈 뒤 앞서 말한 원칙에 맞추어 연관된 한자들을 함께 정리했다. 한자를 독립적으로 암기하는 것보다 연관성 있는 한자를 동시에 익히는 것이 쉽게 기억되고 오래 가기 때문이다. 신 일본어 능력시험의 레벨에 맞추어 N5-103자, N4-181자, N3-336자, N2-403자에 필수 N1-177자를 추가, 교육한자(1006자)의 부족한 점을 보완하여 총 1200자를 수록하고 있다.

발음은 같지만 뜻이 다른 한자 (동음이의어)

上げる 올리다
挙げる (손을) 들다, (예를) 들다

表す (감정을) 드러내다
現す (모습을) 드러내다

早い 이르다
速い 빠르다

固い 굳다, 확고하다
堅い 단단하다, 튼튼하다
硬い 딱딱하다

柔らかい 부드럽다, 폭신폭신하다
軟らかい 무르다, 연하다

暑い 덥다
熱い 뜨겁다

暖かい (기온, 마음 등이) 따뜻하다
温かい (음식, 목욕물 등이) 따뜻하다

足 발
脚 다리

登る (산을) 오르다
昇る (해, 달이) 뜨다

船 배
舟 (작은) 배

乗る 타다
載る 게재되다

計る (시간, 수량 등을) 재다
測る (길이, 면적 등을) 재다
量る (무게, 분량 등을) 재다

泣く 울다
鳴く (새, 벌레, 짐승 등이) 울다

会う 만나다
遭う (나쁜 일을) 만나다, 겪다, 당하다

作る (손으로) 만들다
造る (현대공업적) 만들다, 제조하다

利く 잘 움직이다, 가능하다
効く 효력이 있다, 듣다

始める 시작하다
初めて 처음으로

探す (원하던 것을) 찾다
捜す (잃어버린 것을) 찾다

変える 바꾸다, 변경하다, 옮기다
替える (새것으로) 갈다, 교체하다
換える (서로) 바꾸다, 교환하다

伸びる 자라다, 신장하다, 펴지다
延びる (시간, 거리가) 연장되다, 길어지다, 연기되다

革 (무두질한) 가죽, 피혁
皮 껍질, 가죽

연관 한자 표시

본문에서 동음이의어는 빨간 직선, 유의어는 빨간 점선, 반의어는 회색 직선, 단어로 함께 외울 한자는 회색 곡선으로 연결하여 함께 학습할 수 있도록 구성하였다.

동음이의어 ⎍ 　　　유의어 ⎍(점선)

반의어 ⎍(회색) 　　　연관어 ∿

비슷한 의미의 한자 (유의어)

晩(ばん) 저녁
夜(よる) 밤

周り(まわり) 주위
辺り(あたり) 부근
隣(となり) 이웃

角(かど) 모서리, 모퉁이
隅(すみ) 구석

冷たい(つめたい) 차다, 냉담하다
涼しい(すずしい) 시원하다

香り(かおり) 향기
匂い(におい) 냄새
臭い(くさい) 악취가 나다

私(わたし) 저
僕(ぼく) 나, 저
俺(おれ) 나

借りる(かりる) 빌리다
貸す(かす) 빌려주다
返す(かえす) 돌려주다

帰る(かえる) 돌아가다
戻る(もどる) 되돌아가다

再び(ふたたび) 다시, 재차
改めて(あらためて) 다시, 다른 기회에

考える(かんがえる) (~을) 생각하다
思う(おもう) (~라고) 생각하다

怖い(こわい) 무섭다
恐ろしい(おそろしい) 두렵다

恋(こい) (이성간의) 사랑, 연애
愛(あい) (포괄적인) 사랑, 애정

住む(すむ) 살다, 거주하다
暮らす(くらす) 지내다, 생활하다

育てる(そだてる) 기르다, 키우다, 양육하다
飼う(かう) (동물을) 기르다

救う(すくう) 구하다, 구제하다, 살리다
助ける(たすける) 구하다, 살리다, 돕다

習う(ならう) (누군가로부터) 배우다, (기술/방법을) 배우다
学ぶ(まなぶ) (지식을) 배우다, (경험에서) 배우다, (혼자서) 익히다

戦う(たたかう) 싸우다
争う(あらそう) 다투다
競う(きそう) 겨루다

飯(めし) 밥
米(こめ) 쌀

반대의 뜻을 가진 한자 (반의어)

晴(は)れる 날씨가 개다
曇(くも)る 날씨가 흐려지다

内(うち) 안
外(そと) 밖

表(おもて) 앞면, 겉
裏(うら) 뒤, 내면

大(おお)きい 크다
小(ちい)さい 작다

多(おお)い 많다
少(すく)ない 적다

強(つよ)い 강하다
弱(よわ)い 약하다

新(あたら)しい 새롭다
古(ふる)い 오래되다

長(なが)い 길다
短(みじか)い 짧다

高(たか)い 높다, 비싸다
低(ひく)い 낮다
安(やす)い 싸다

深(ふか)い 깊다
浅(あさ)い 얕다

近(ちか)い 가깝다
遠(とお)い 멀다

広(ひろ)い 넓다
狭(せま)い 좁다

重(おも)い 무겁다
軽(かる)い 가볍다

太(ふと)い 굵다
細(ほそ)い 가늘다

太(ふと)る 살찌다
痩(や)せる 살이 빠지다

薄(うす)い 얇다, 연하다
厚(あつ)い 두껍다
濃(こ)い 진하다

明(あか)るい 밝다
暗(くら)い 어둡다

夫(おっと) 남편
妻(つま) 아내

着(き)る 입다
履(は)く 신다
脱(ぬ)ぐ 벗다

開(あ)ける 열다
閉(し)める 닫다

引(ひ)く 당기다
押(お)す 밀다

掘(ほ)る 파다
埋(う)める 묻다

拾(ひろ)う 줍다
捨(す)てる 버리다

出(で)る 나가다
入(はい)る 들어가다

迎(むか)える 맞이하다
送(おく)る 배웅하다

乗(の)る 타다
降(お)りる 내리다

覚(おぼ)える 기억하다
忘(わす)れる 잊다

信(しん)じる 믿다
疑(うたが)う 의심하다

従(したが)う 따르다, 순종하다
逆(さか)らう 거스르다, 거역하다

褒(ほ)める 칭찬하다
叱(しか)る 꾸짖다
責(せ)める 나무라다

謝(あやま)る 사과하다
許(ゆる)す 용서하다

好(す)き 좋아함
嫌(きら)い 싫어함

買(か)う 사다
売(う)る 팔다

勝(か)つ 이기다
負(ま)ける 지다

逃(に)げる 도망치다
追(お)いかける 뒤쫓아가다

捕(つか)まえる 붙잡다
放(はな)す 놓아주다

鋭(するど)い 날카롭다, 예리하다
鈍(にぶ)い 둔하다, 무디다

同(おな)じ 같음
違(ちが)う 다르다, 틀리다

若(わか)い 젊다
老(ふ)ける 늙다

忙(いそが)しい 바쁘다
暇(ひま) 한가함

壊(こわ)す 부수다
直(なお)す 고치다

浮(う)かぶ 뜨다
沈(しず)む 가라앉다

増(ふ)える 늘다, 불어나다
減(へ)る 줄다

栄(さか)える 번영하다, 번창하다
滅(ほろ)びる 망하다, 멸망하다

단어로 함께 외우는 한자 (연관어)

季節	きせつ	계절
時間	じかん	시간
適当	てきとう	적당
興味	きょうみ	흥미
家族	かぞく	가족
兄弟	きょうだい	형제
姉妹	しまい	자매
読書	どくしょ	독서
荷物	にもつ	짐
言葉	ことば	말
尊敬	そんけい	존경
連絡	れんらく	연락
普通	ふつう	보통
道路	どうろ	도로
国民	こくみん	국민
歴史	れきし	역사
法律	ほうりつ	법률
規則	きそく	규칙
世界	せかい	세계
平和	へいわ	평화
自由	じゆう	자유
環境	かんきょう	환경
宇宙	うちゅう	우주
順番	じゅんばん	차례
全部	ぜんぶ	전부
偶然	ぐうぜん	우연
実際	じっさい	실제
知識	ちしき	지식
想像	そうぞう	상상
要求	ようきゅう	요구
希望	きぼう	희망
約束	やくそく	약속
秘密	ひみつ	비밀
失敗	しっぱい	실패
勘弁	かんべん	봐줌
比較	ひかく	비교
迷惑	めいわく	폐
判断	はんだん	판단
絶対	ぜったい	절대
説得	せっとく	설득
恐怖	きょうふ	공포
恋愛	れんあい	연애
紹介	しょうかい	소개
結婚	けっこん	결혼
独身	どくしん	독신
生活	せいかつ	생활
命令	めいれい	명령
存在	そんざい	존재
病院	びょういん	병원
医者	いしゃ	의사
元気	げんき	건강함
健康	けんこう	건강
回復	かいふく	회복
教師	きょうし	교사
訓練	くんれん	훈련
習慣	しゅうかん	습관
学校	がっこう	학교
専門	せんもん	전문
受験	じゅけん	수험
宿題	しゅくだい	숙제
講義	こうぎ	강의
文化	ぶんか	문화
漢字	かんじ	한자
基本	きほん	기본
記録	きろく	기록
印刷	いんさつ	인쇄
販売	はんばい	판매
商品	しょうひん	상품
価値	かち	가치
階段	かいだん	계단
貿易	ぼうえき	무역
条件	じょうけん	조건
仕事	しごと	일
職業	しょくぎょう	직업
提供	ていきょう	제공
経営	けいえい	경영
採用	さいよう	채용
株式	かぶしき	주식
証券	しょうけん	증권
協力	きょうりょく	협력
才能	さいのう	재능
勝負	しょうぶ	승부
緊張	きんちょう	긴장
参加	さんか	참가
応援	おうえん	응원
邪魔	じゃま	방해
候補	こうほ	후보
戦争	せんそう	전쟁
警察	けいさつ	경찰
攻撃	こうげき	공격
武器	ぶき	무기
映画	えいが	영화
写真	しゃしん	사진
展示	てんじ	전시
観覧	かんらん	관람
演劇	えんげき	연극
舞台	ぶたい	무대
製作	せいさく	제작
創造	そうぞう	창조
建築	けんちく	건축
郵便	ゆうびん	우편
権利	けんり	권리
技術	ぎじゅつ	기술
機械	きかい	기계
関係	かんけい	관계
予定	よてい	예정
準備	じゅんび	준비
原因	げんいん	원인
確率	かくりつ	확률
調査	ちょうさ	조사
編集	へんしゅう	편집
誤解	ごかい	오해
研究	けんきゅう	연구
禁止	きんし	금지
情報	じょうほう	정보
性格	せいかく	성격
資源	しげん	자원
状況	じょうきょう	상황
態度	たいど	태도
具合	ぐあい	상태
退屈	たいくつ	지루함
危険	きけん	위험
微妙	びみょう	미묘
困難	こんなん	곤란
簡単	かんたん	간단
複雑	ふくざつ	복잡
混乱	こんらん	혼란
直接	ちょくせつ	직접
爆破	ばくは	폭파
変更	へんこう	변경
残念	ざんねん	유감스러움
影響	えいきょう	영향
布団	ふとん	이불
掃除	そうじ	청소
場所	ばしょ	장소
公園	こうえん	공원
銭湯	せんとう	대중 목욕탕
農村	のうそん	농촌
封筒	ふうとう	봉투
野菜	やさい	야채
材料	ざいりょう	재료
修理	しゅうり	수리
拡散	かくさん	확산
種類	しゅるい	종류
牛乳	ぎゅうにゅう	우유

CONTENTS

PART 1 일본어 한자 첫걸음

01 숫자 12
02 요일 16
03 계절, 날씨 19
04 시간, 때 23
05 방위 30
06 위치 34
07 크기, 수량 39
08 거리, 넓이 43
09 질감 47
10 기온, 밝기, 맛 51
11 색, 모양, 냄새 55
12 자연 59
13 사람 65
14 가족 69
15 얼굴 74
16 신체 77
17 기본동작 82
18 일상 87
19 행동 92
20 취급 96

PART 2 일본어 한자 터잡기

21 말 104
22 이동 110
23 교통 115
24 국가 119
25 세계 123
26 셈, 순번 127
27 부사 131
28 이해, 사고 138
29 소망 143
30 선택, 결정 149
31 의사 153
32 마음, 기분 157
33 감정 표현 162
34 연애 166
35 생사 171
36 건강 176
37 교육 182
38 글, 책 187
39 거래 192
40 일 198

PART 3 일본어 한자 마스터

41 회사 204
42 힘, 경쟁 209
43 전쟁, 범죄 214
44 놀이, 예능 220
45 제작, 건설 225
46 진행 231
47 실행 236
48 성질 242
49 상태 (1) 248
50 상태 (2) 254
51 현상 (1) 259
52 현상 (2) 264
53 집 269
54 장소 274
55 마을 279
56 사물 283
57 음식 288
58 요리 293
59 식물 297
60 동물 301

부록   추가 일본어 306
본문에 누락된 교육한자 307
일본 이름 읽기 311
한자 인덱스 312

* 본문의 표제어는 교과서체를 사용하였습니다. 교과서체인 令=令(하여금 령)은 같은 글자임을 미리 알려드립니다. 이 한자가 포함된 다음 한자들도 같은 글자입니다.

齡=齢   冷=冷   領=領   零=零

PART 01

일본어 한자 첫걸음

1. 숫자

1 一 한일 N5

訓 ひとつ　ひと
一つ 하나　一人 한명　*一日 초하루

音 イチ　イツ
一 일　一日中 종일　一緒に 함께　一生 평생
一体 도대체　一応 일단　一瞬 일순간　唯一 유일

2 二 두이 N5

訓 ふたつ　ふた
二つ 둘　二人 두명　二股 양다리　*二日 2일, 이틀
*二十日 20일

音 ニ
二 이　二度と 두번다시　二重 이중

> '양다리를 걸치다'는 二股をかける라고 하는데, 이뿐만 아니라 三股(세다리), 四股(네다리)…이런식으로 계속해서 쓸 수 있습니다.

3 三 석삼 N5

訓 みっつ　み
三つ 셋　三日 3일, 사흘

音 サン
三 삼　三角 삼각　三流 삼류

4 四 넉사 N5

訓 よっつ　よん　よ
四つ 넷　四 넷　四時 4시　四つ角 사거리
四日 4일, 나흘

音 シ
四 사　四角 사각　四季 사계

5 五 다섯오 N5

訓 いつつ　いつ
五つ 다섯　五日 5일, 닷새

音 ゴ
五 오　五月 5월　五分 5분

6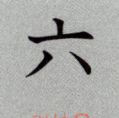
여섯 육
N5

訓 むっつ むい
六つ 여섯   六日 6일, 엿새
むっ   むい か

音 ロク
六 육   六年生 6학년
ろく   ろくねんせい

7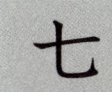
일곱 칠
N5

訓 なな ななつ なの
七つ 일곱   七日 7일, 이레   *七夕 칠석
なな   なの か   たなばた

音 シチ
七 칠   七時 7시   七月 7월
しち   しち じ   しちがつ

8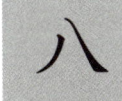
여덟 팔
N5

訓 やっつ よう や
八つ 여덟   八日 8일, 여드레   八百屋 채소 가게(장수)
やっ   よう か   や お や

音 ハチ
八 팔   八分 8분   八方美人 팔방미인
はち   はっぷん   はっぽう びじん

9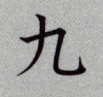
아홉 구
N5

訓 ここのつ ここの
九つ 아홉   九日 9일, 아흐레
ここの   ここの か

音 キュウ ク
九 구   九州 큐슈   九時 9시
きゅう   きゅうしゅう   く じ

비슷한 모양의 한자
力 나 刀와 헷갈리지
않도록 주의하세요.
ちから かたな

10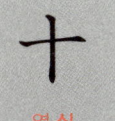
열 십
N5

訓 とお と
十日 10일, 열흘   十 열, 열개
とお か   とお

音 ジュウ ジッ
十 십   十分 충분함   十字架 십자가   十分 10분
じゅう   じゅうぶん   じゅうじ か   じゅっぷん
十本 10자루   十匹 10마리
じっぽん   じっぴき

11
일백 백
N5

訓

音 ヒャク
百 백   百年 백년   百科事典 백과사전
ひゃく   ひゃくねん   ひゃっ か じ てん

12 千 일천 천 N5
- 訓 ち
  - 千葉 치바(지명)
- 音 セン
  - 千円 천엔

13 万 일만 만 N5 萬
- 訓
- 音 マン バン
  - 一万円 만엔 万が一 만에 하나 万引き 들치기(상점에서 물건을 훔침) 万歳 만세 万能 만능

14 億 억 억 N2
- 訓
- 音 オク
  - 一億 1억 億万長者 억만장자

일본어 한자 암기비법 1200

일본어 필수 어휘 쓰기

- 01 하나 ひとつ
- 02 두 명 ふたり
- 03 셋 みっつ
- 04 4시 よじ
- 05 다섯 いつつ
- 06 6일 むいか
- 07 7일 なのか
- 08 8일 ようか
- 09 아홉 ここのつ
- 10 10일 とおか

일본어 한자 읽기

- 01 一緒に
- 02 一生
- 03 二度と
- 04 三角
- 05 四季
- 06 五月
- 07 六年生
- 08 七時
- 09 八分
- 10 九州
- 11 十分
- 12 百年
- 13 千円
- 14 万が一
- 15 一億

정답

일본어 필수 어휘 쓰기 1 一つ 2 二人 3 三つ 4 四時 5 五つ 6 六日 7 七日 8 八日 9 九つ 10 十日

일본어 한자 읽기 1 いっしょに 2 いっしょう 3 にどと 4 さんかく 5 しき 6 ごがつ 7 ろくねんせい 8 しちじ 9 はっぷん 10 きゅうしゅう 11 じゅうぶん / じゅっぷん 12 ひゃくねん 13 せんえん 14 まんがいち 15 いちおく

2. 요일

15 月 달월 N5

訓 つき
月(つき) 달

音 ゲツ　ガツ
月曜日(げつようび) 월요일　1ヶ月(いっかげつ) 1개월　1月(いちがつ) 1월　今月(こんげつ) 이달
正月(しょうがつ) 정월, 설

16 火 불화 N5

訓 ひ
火(ひ) 불　花火(はなび) 불꽃놀이

音 カ
火曜日(かようび) 화요일　火事(かじ) 화재　火山(かざん) 화산

17 水 물수 N5

訓 みず
水(みず) 물　水着(みずぎ) 수영복　水(みず)くさい 서먹하다, 남 대하듯 하다

音 スイ
水曜日(すいようび) 수요일　水泳(すいえい) 수영　香水(こうすい) 향수　洪水(こうずい) 홍수
下水(げすい) 하수　水族館(すいぞくかん) 수족관

18 木 나무목 N5

訓 き　こ
木(き) 나무　植木(うえき) 정원수　並木(なみき) 가로수

音 モク　ボク
木曜日(もくようび) 목요일　土木(どぼく) 토목

줄기에서 가지가 튀어
나와 있는 모습을 본
떠 만든 글자입니다.

19 金 쇠금 N5

訓 かね　かな
お金(かね) 돈　金持(かねも)ち 부자　はした金(がね) 푼돈

音 キン　コン
金曜日(きんようび) 금요일　金(きん) 금　金属(きんぞく) 금속　税金(ぜいきん) 세금
賞金(しょうきん) 상금　黄金(おうごん) 황금

20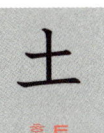
흙 토
N5

訓 つち
土 땅, 흙 *お土産 기념품, 선물

音 ド ト
土曜日 토요일 土地 토지

21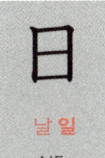
날 일
N5

訓 ひ か
日帰り 당일치기 母の日 어머니날 誕生日 생일
日差し 햇살 *今日 오늘 *昨日 어제 *明日 내일

音 ニチ ジツ
日曜日 일요일 日常 일상 日記 일기 日本 일본
翌日 익일 休日 휴일

22
매양 매
N5 毎

訓

音 マイ
毎日 매일 毎度 매번 毎週 매주 毎晩 매일 저녁

23
빛날 요
N4 曜

訓

音 ヨウ
日曜日 일요일 何曜日 무슨 요일

24
주일 주
N5 週

訓

音 シュウ
先週 지난주 今週 이번 주 来週 다음 주
再来週 다다음 주 1週間 일주일간

25
끝 말
N3

訓 すえ
末っ子 막내

音 マツ
週末 주말 年末 연말 結末 결말

> 나무 목[木]에 가로획을 그어서 나뭇가지의 끝을 가리키는데, 사물이나 어떤 날의 끝이라는 의미로 사용됩니다.

일본어 필수 어휘 쓰기

01 달 つき

02 불꽃놀이 はなび

03 수영복 みずぎ

04 나무 き

05 돈 おかね

06 땅, 흙 つち

07 어머니날 ははのひ

08 막내 すえっこ

일본어 한자 읽기

01 1ヶ月

02 火事

03 水泳

04 木曜日

05 税金

06 土曜日

07 日記

08 毎日

09 週末

정답

일본어 필수 어휘 쓰기 1 月 2 花火 3 水着 4 木 5 お金 6 土 7 母の日 8 末っ子

일본어 한자 읽기 1 いっかげつ 2 かじ 3 すいえい 4 もくようび 5 ぜいきん 6 どようび 7 にっき 8 まいにち 9 しゅうまつ

3. 계절 날씨

26
봄 춘
N4

訓 はる
春(はる) 봄

音 シュン
青春(せいしゅん) 청춘   思春期(ししゅんき) 사춘기   売春(ばいしゅん) 매춘

27
여름 하
N4

訓 なつ
夏(なつ) 여름   夏休(なつやす)み 여름 방학(휴가)   真夏(まなつ) 한여름

音 カ　ゲ
夏期(かき) 하계   初夏(しょか) 초여름

27
가을 추
N4

訓 あき
秋(あき) 가을   秋葉原(あきはばら) 아키하바라(지명)   秋田(あきた) 아키타(지명)

音 シュウ
秋分(しゅうぶん) 추분

29
겨울 동
N4

訓 ふゆ
冬(ふゆ) 겨울

音 トウ
冬眠(とうみん) 동면   冬季(とうき) 동계

30
계절 계
N2

訓

音 キ
季節(きせつ) 계절   四季(しき) 사계   雨季(うき) 우기

우리나라의 성씨 李(이)와 굉장히 비슷하게 생겼어요. 윗부분에 꼭 한 획을 그어주어야 합니다.

31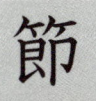
마디 절
N2 節

訓 ふし
節穴(ふしあな) 청맹과니

音 セツ
節約(せつやく) 절약   季節(きせつ) 계절   調節(ちょうせつ) 조절   関節(かんせつ) 관절

32

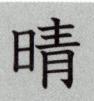

天 하늘 천 N5

訓 あめ　あま
天下り 낙하산 인사(퇴직 관료가 관련 회사의 좋은 자리로 들어감)

音 テン
天気 날씨　天国 천국　天才 천재　天使 천사
天井 천정　天然ぼけ 언행이 엉뚱하고 바보스러운 사람(백치미)

> 위쪽에 획이 튀어나오지 않게 주의하세요. 夫[아비 부, おっと]라는 글자가 될 수도 있습니다.

33

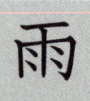

晴 갤 청 N3　晴

訓 はれる　はらす
晴れる 날씨가 개다　晴れ 맑음　気晴らし 기분전환
素晴らしい 훌륭하다, 멋지다

音 セイ
晴天 맑은 하늘

34

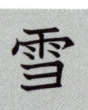

雨 비 우 N5

訓 あめ　あま
雨 비　大雨 큰비　雨雲 비구름　*梅雨 장마

音 ウ
降雨量 강우량　雨天 우천

35

雪 눈 설 N3　雪

訓 ゆき
雪 눈　初雪 첫눈　雪だるま 눈사람　*吹雪 눈보라

音 セツ
積雪 적설

36

雲 구름 운 N3

訓 くも
雲 구름　雨雲 비구름

音 ウン
星雲 성운(구름 모양으로 퍼져 보이는 천체)

37

曇 흐릴 담 N2

訓 くもる　くもらす
曇る 흐려지다　曇り 흐림

音 ドン
曇天 흐린 날씨

38

風 바람 풍 / N4

- 訓 かぜ　かざ
  - 風 바람　風邪 감기　風上 바람이 불어오는 쪽
- 音 フウ　フ
  - 台風 태풍　風俗 윤락업, 윤락업소　扇風機 선풍기
  - 風呂 목욕물, 욕조

> '감기에 걸리다'는 風邪をひく, '목욕을 하다'는 お風呂に入る라고 합니다.

39

吹 불 취 / N3

- 訓 ふく
  - 吹く (바람이) 불다　吹き飛ばす (바람이) 불어 날려버리다
  - 吹雪 눈보라
- 音 スイ
  - 吹奏楽 취주악

40

湿 젖을 습 / N2　濕

- 訓 しめる　しめす
  - 湿る 습기차다
- 音 シツ
  - 湿気 습기　湿度 습도

41

露 이슬 로 / N1

- 訓 つゆ
  - 露 이슬
- 音 ロ　ロウ
  - 露天風呂 노천탕　披露宴 피로연　露出 노출

42

滴 물방울 적 / N2

- 訓 しずく　したたる
  - 滴 물방울
- 音 テキ
  - 水滴 물방울　点滴 링거

43

氷 얼음 빙 / N3

- 訓 こおり
  - 氷 얼음　かき氷 팥빙수
- 音 ヒョウ
  - 氷山 빙산　氷点 빙점

일본어 필수 어휘 쓰기

01 봄 はる
02 여름 なつ
03 가을 あき
04 겨울 ふゆ
05 맑음 はれ
06 비 あめ
07 눈 ゆき
08 구름 くも
09 흐림 くもり
10 바람 かぜ
11 불다 ふく
12 이슬 つゆ
13 물방울 しずく
14 얼음 こおり

일본어 한자 읽기

01 青春
02 夏休み
03 秋葉原
04 冬眠
05 季節
06 四季
07 天気
08 梅雨
09 積雪
10 星雲
11 台風
12 湿気
13 露天風呂
14 点滴
15 氷山

정답

일본어 필수 어휘 쓰기 1 春 2 夏 3 秋 4 冬 5 晴れ 6 雨 7 雪 8 雲 9 曇り 10 風 11 吹く 12 露 13 滴 14 氷

일본어 한자 읽기 1 せいしゅん 2 なつやすみ 3 あきはばら 4 とうみん 5 きせつ 6 しき 7 てんき 8 つゆ 9 せきせつ 10 せいうん 11 たいふう 12 しっけ 13 ろてんぶろ 14 てんてき 15 ひょうざん

4. 시간, 때

44

朝 아침 조 N4

訓 あさ
朝 아침　朝日 아침 해　今朝 오늘 아침

音 チョウ
朝食 조식　早朝 조조, 이른 아침

45

昼 낮 주 N4　晝

訓 ひる
お昼 낮　昼間 대낮　昼寝 낮잠　昼休み 점심시간
昼ご飯 점심 식사

音 チュウ
昼食 중식

46

夕 저녁 석 N4

訓 ゆう
夕方 해질녘, 이른 저녁　夕食 석식　夕飯 저녁 식사
夕焼け 저녁놀　*七夕 칠석

音 セキ
一朝一夕 일조일석

> 夕方는 '해질녘', '이른 저녁'을 뜻하는데 해질녘의 오후 시간대를 가리킵니다.

47

晩 늦을 만 N3

訓
音 バン
今晩 오늘 저녁　毎晩 매일 저녁　晩ご飯 저녁 식사

> 今晩(오늘 저녁)과 毎晩(매일 저녁)은 해가 지고 난 후 취침 전까지의 시간대를 가리킵니다.

48

夜 밤 야 N4

訓 よる, よ
夜 밤　夜中 밤중, 한밤

音 ヤ
今夜 오늘 밤　夜分 밤중　深夜 심야　徹夜 철야
夜景 야경

> よる(밤)와 今夜(오늘 밤)는 해가 지고부터 다음 날 해가 뜨기 전까지의 긴 시간을 가리킵니다.

49 **昨** 어제 작 N3
訓
音 サク
昨日 어제　*昨日 어제　昨夜 어젯밤　*昨夜 어젯밤

50 **翌** 다음날 익 N2
訓
音 ヨク
翌日 익일　翌朝 다음날 아침

51 **午** 낮 오 N5
訓
音 ゴ
午前 오전　午後 오후

52 **前** 앞 전 N5
訓 まえ
前 앞, 전　名前 이름　前向き 적극적인 자세
出前 요리 배달　当たり前 당연함
音 ゼン
午前 오전　以前 이전　寸前 직전, 바로 전
直前 바로 앞, 직전　前提 전제

53 **後** 뒤 후 N5
訓 のち　あと　うしろ
後ろ 뒤　後で 나중에　後ほど 나중에
音 ゴ　コウ
午後 오후　今後 앞으로　後輩 후배　後悔 후회

前(앞)의 반의어는 後ろ(뒤), 先に(먼저)의 반의어는 後で(나중에)입니다. 이와 같은 반의어는 짝을 지어 익혀두세요.

54 **先** 먼저 선 N5
訓 さき
先 끝, 먼저　先ほど 아까, 조금 전　指先 손가락끝
手先 앞잡이　宛先 수신처
音 セン
先生 선생님　先輩 선배　先週 지난주　先月 지난달

55
버금 차
N3

訓 つぐ つぎ
次 다음　次々に 잇달아

音 シ ジ
次第 ~나름　次回 다음번　目次 목차

56
이제 금
N5

訓 いま
今 지금　今さら 이제 와서　*今朝 오늘 아침　*今日 오늘
*今年 올해, 금년

音 コン
今月 이달　今週 이번 주　今度 이 다음　今後 앞으로

57
옛 석
N3

訓 むかし
昔 옛날　昔話 옛날 이야기

音 セキ シャク

58
지날 과
N3

訓 すぎる すごす あやまつ あやまち
過ぎる 지나가다, (때가) 지나다　多過ぎる 너무 많다
出過ぎる 지나치다, 주제넘다　過ごす (시간을) 보내다
過ち 잘못, 실수

音 カ
過去 과거　過労 과로　過程 과정　過失 과실
過半数 과반수

59
갈 거
N4

訓 さる
去る 떠나다

音 キョ コ
去年 작년　過去 과거

60
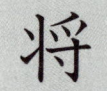
아닐 미
N3

訓

音 ミ
未来 미래　未練 미련　未満 미만　未成年 미성년
未熟 미숙함

61

장차 장
N2　将

訓

音 ショウ
将来 장래　将軍 장군　将棋 장기

62

어찌 하
N5

訓 なに　なん
何 뭐　何で 왜　何とか 어떻게든　何となく 왠지
何歳 몇 살　何気ない 아무렇지도 않다, 별 생각도 없다

音 カ
幾何学 기하학

63
時
때 시
N5

訓 とき
時々 때때로, 가끔　時計 시계

音 ジ
時間 시간　時間割 시간표　何時 몇 시　時期 시기

64
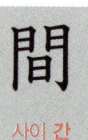
사이 간
N5

訓 あいだ　ま
この間 요전　間に合う 시간에 늦지 않게 대다
間違い 틀림, 잘못, 실수　間違える 잘못하다, 틀리게 하다
隙間 빈틈, 틈새　居間 거실

音 カン　ケン
時間 시간　瞬間 순간　間接キス 간접키스
世間 세간, 세상　人間 인간

가로 획의 길이에 주의하세요. 아래를 짧게 그리면 末[끝 말, すえ・まつ]라는 완전히 다른 글자가 된답니다.

門(문)사이에 들어가는 한자에 주의하세요. 口(입 구)를 넣으면 問[물을 문, とう・もん]이 되고 耳(귀 이)를 넣으면 聞[들을 문, きく・ぶん/もん]이 됩니다.

65
期 기약할 기 N3

訓
音 キ

期間 기간　時期 시기　期待 기대
期末テスト 기말시험　定期 정기 승차권　納期 납기
同期 (학교 등의) 동기, 같은 시기
*一期一会 일생에 한 번뿐인 만남

66
分 나눌 분 N5

訓 わける　わかれる　わかる
分ける 나누다　分かれる 나뉘다

音 ブン　ブ
自分 자기 자신　十分 충분함　気分 컨디션, 몸 상태
半分 절반　3分 3분　身分 신분　処分 처분　分別 분리
分類 분류　分野 분야　分析 분석

67
秒 시간 단위 초 N2

訓
音 ビョウ

〜秒 〜초　秒読み 초읽기　秒速 초속

68
半 반 반 N5

訓 なかば
半ば 반, 절반

音 ハン
半分 절반　半年 반년　半端 어중간함, 어중이　半袖 반팔
8時半 8시 반

69
年 해 년 N5

訓 とし
年上 연상　年下 연하　年寄り 노인　今年 올해, 금년
同い年 동갑

音 ネン
去年 작년　来年 내년　再来年 내후년　年中 연중
年収 연봉, 연간 수입　年月日 연월일　2000年 2000년

70 齢

나이 령
N3 齢

訓
音 レイ

年齢 연령　高齢化 고령화

71 歳

해 세
N3 歳

訓
音 サイ　セイ

5歳 5살　*20歳 20살　万歳 만세　歳末 연말　歳暮 연말

사람의 나이를 셀 때는 복잡한 歳(해 세) 대신 才[재주 재, さい]를 쓰기도 합니다.

72 頃

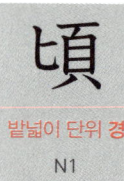

밭넓이 단위 경
N1

訓 ころ
この頃 요즘　今頃 지금쯤, 이맘때　2時頃 2시쯤
6歳の頃 6살 때

音 ケイ

일본어 필수 어휘 쓰기

01 아침 あさ _____
02 낮 ひる _____
03 해질녘 ゆうがた _____
04 밤 よる _____
05 앞 まえ _____
06 뒤 うしろ _____
07 먼저 さき _____
08 다음 つぎ _____
09 지금 いま _____

10 옛날 むかし _____
11 시간을 보내다 すごす _____
12 떠나다 さる _____
13 왜 なんで _____
14 가끔 ときどき _____
15 요전 このあいだ _____
16 나누다 わける _____
17 올해 ことし _____
18 이맘때 いまごろ _____

일본어 한자 읽기

- 01 毎晩
- 02 今夜
- 03 昨日
- 04 翌日
- 05 午前
- 06 午後
- 07 先生
- 08 次第
- 09 今月
- 10 過去
- 11 去年
- 12 未来
- 13 将来
- 14 時間
- 15 瞬間
- 16 期待
- 17 自分
- 18 秒速
- 19 半分
- 20 来年
- 21 年齢
- 22 19歳

정답

일본어 필수 어휘 쓰기 1 朝 2 昼 3 夕方 4 夜 5 前 6 後ろ 7 先 8 次 9 今 10 昔 11 過ごす 12 去る 13 何で 14 時々 15 この間 16 分ける 17 今年 18 今頃

일본어 한자 읽기 1 まいばん 2 こんや 3 きのう / さくじつ 4 よくじつ 5 ごぜん 6 ごご 7 せんせい 8 しだい 9 こんげつ 10 かこ 11 きょねん 12 みらい 13 しょうらい 14 じかん 15 しゅんかん 16 きたい 17 じぶん 18 びょうそく 19 はんぶん 20 らいねん 21 ねんれい 22 じゅうきゅうさい

5. 방위

73 上 위 상 N5

訓 うえ　あげる　あがる　のぼる
上(うえ) 위　上(あ)げる 올리다　見上(みあ)げる 우러러보다
上(あ)がる 오르다, 올라가다　立(た)ち上(あ)がる 일어서다

音 ジョウ
上手(じょうず) 잘함, 능함　上達(じょうたつ) 숙달, 실력이 향상됨　上司(じょうし) 상사

> 上げる와 挙げる는 발음은 같지만 '손을 들 때, 예를 들 때, 식을 올릴 때'는 挙げる를 씁니다.

74 挙 들 거 N1 (擧)
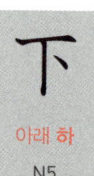

訓 あげる　あがる
挙(あ)げる (손을) 들다, (예를) 들다

音 キョ
選挙(せんきょ) 선거

75 下 아래 하 N5

訓 した　しも　もと　さげる　さがる　くだる　くだす
　　くださる　おろす　おりる
下(した) 아래, 밑　下着(したぎ) 속옷　靴下(くつした) 양말　下(しも)ネタ 음담패설
下(さ)がる 내리다, 내려가다

音 カ　ゲ
地下鉄(ちかてつ) 지하철　部下(ぶか) 부하　廊下(ろうか) 복도　下品(げひん) 천함
下旬(げじゅん) 하순　下痢(げり) 설사　*下手(へた) 서투름

76 以 써 이 N4

訓

音 イ
以上(いじょう) 이상　以下(いか) 이하　以前(いぜん) 이전　以来(いらい) 이래

77 左 왼 좌 N5

訓 ひだり
左(ひだり) 왼쪽　左側(ひだりがわ) 좌측　左利(ひだりき)き 왼손잡이

音 サ
左右(さゆう) 좌우　左翼(さよく) 좌익

78
오른쪽 우 N5

訓 みぎ
右(みぎ) 오른쪽　右手(みぎて) 오른손

音 ウ　ユウ
左右(さゆう) 좌우　右翼(うよく) 우익

79
곁 측 N3

訓 かわ
右側(みぎがわ) 우측　両側(りょうがわ) 양측　内側(うちがわ) 안쪽　縁側(えんがわ) 마루, 툇마루

音 ソク
側面(そくめん) 측면

80
동녘 동 N5

訓 ひがし
東(ひがし) 동쪽　東口(ひがしぐち) 동쪽 출입구

音 トウ
東京(とうきょう) 도쿄　東洋(とうよう) 동양　関東地方(かんとうちほう) 관동지방

81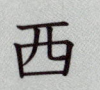
서녘 서 N5

訓 にし
西(にし) 서쪽　西側(にしがわ) 서쪽

音 セイ　サイ
西洋(せいよう) 서양　西暦(せいれき) 서기(A.D.)　大西洋(たいせいよう) 대서양

82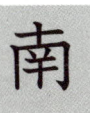
남녘 남 N5

訓 みなみ
南(みなみ) 남쪽

音 ナン
東南アジア(とうなんアジア) 동남아시아　南極(なんきょく) 남극

83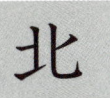
북녘 북 N5

訓 きた
北(きた) 북쪽　北朝鮮(きたちょうせん) 북한, 북조선

音 ホク
東北地方(とうほくちほう) 동북지방　北斗の拳(ほくとのけん) 북두의 권(만화 제목)
北海道(ほっかいどう) 홋카이도(지명)

84 方 (모 방) N4

訓 かた
仕方ない 어쩔 수 없다　使い方 사용 방법　味方 같은 편
見方 견해, 관점　夕方 저녁

音 ホウ
方法 방법　方向 방향　方言 방언　方針 방침
＊行方 행방

85 向 (향할 향) N3

訓 むく　むける　むかう　むこう
向く 향하다, 적합하다　向ける 향하게 하다, 돌리다
向かう 향하다　向こう 맞은편, 건너편
向き合う 마주 보다　前向き 적극적인 자세
子ども向け 어린이 대상

音 コウ
方向 방향　向上 향상　傾向 경향

86 傾 (기울 경) N2

訓 かたむく　かたむける
傾く 기울다, 치우치다　傾ける 기울이다

音 ケイ
傾向 경향　傾斜 경사

일본어 한자 암기비법 1200

일본어 필수 어휘 쓰기

01 위 うえ
02 (예를) 들다 あげる
03 아래 した
04 왼쪽 ひだり
05 오른쪽 みぎ
06 양측 りょうがわ
07 동쪽 ひがし
08 서쪽 にし
09 남쪽 みなみ
10 북쪽 きた
11 사용 방법 つかいかた
12 맞은 편 むこう

일본어 한자 읽기

01 上達
02 選挙
03 下手
04 以上
05 左右
06 側面
07 東京
08 西暦
09 東南アジア
10 北海道
11 方法
12 傾向

정답

일본어 필수 어휘 쓰기 1 上 2 挙げる 3 下 4 左 5 右 6 両側 7 東 8 西 9 南 10 北 11 使い方 12 向こう

일본어 한자 읽기 1 じょうたつ 2 せんきょ 3 へた 4 いじょう 5 さゆう 6 そくめん 7 とうきょう 8 せいれき 9 とうなんアジア 10 ほっかいどう 11 ほうほう 12 けいこう

6. 위치

87 案 책상 안 N3

訓

音 アン
案内 안내　案外 뜻밖에　案の定 예상대로
予算案 예산안　提案 제안　案件 안건

88 内 안 내 N3

訓 うち
内 안, 속　身内 온몸, 일가

音 ナイ　ダイ
内容 내용　内緒 비밀　案内 안내　家内 아내
以内 이내　国内 국내

89 外 바깥 외 N5

訓 そと　ほか　はずす　はずれる
外 밖　外す 떼다, 제외하다, 비우다　外れる 빠지다, 빗나가다
外れ 빗나감

音 ガイ　ゲ
外出 외출　外国 외국　外人 외국인　海外 해외
以外 이외　意外 의외　案外 뜻밖에　外科 외과

> 内(안)의 반의어는 外(밖), 外れ(빗나감)의 반의어는 当たる(적중하다)입니다. 함께 알아두세요.

90 当 마땅할 당 N3

訓 あたる　あてる
当たる 적중하다　当たり 적중, 당첨
当てる 대다, 맞히다　当て 의지
当たり前 당연함　日当たり 볕이 듦, 볕이 드는 곳

音 トウ
当然 당연　本当 정말　適当 적당　見当 짐작
弁当 도시락　当分 당분간　当番 당번　担当 담당(자)
相当 상당함, 제법　正当 정당함　不当 부당함

91 適 맞을 적 N3 適
訓
音 テキ
てきとう 適当 적당　てきせつ 適切 적절　かいてき 快適 쾌적　さいてき 最適 최적

92 中 가운데 중 N5
訓 なか
なか 中 안, 속　ま なか 真ん中 한가운데　なか み 中身 알맹이, 속에 든 것, 실속
せ なか 背中 등

音 チュウ　ジュウ
ちゅうしん 中心 중심　ちゅう し 中止 중지　ちゅう か 中華 중국요리, 중화　ちゅうおう 中央 중앙
しゅうちゅう 集中 집중　ちゅう と はん ぱ 中途半端 어중간함, 어중이　いちにちじゅう 一日中 온종일

93 央 가운데 앙 N2
訓

音 オウ
ちゅうおう 中央 중앙

94 周 두루 주 N2
訓 まわり
まわ 周り 주위

音 シュウ
しゅう い 周囲 주위　しゅうへん 周辺 주변　しゅう き 周期 주기

95 辺 가변 N2 邊
訓 あたり　べ
あた 辺り 부근　うみ べ 海辺 해변

音 ヘン
しゅうへん 周辺 주변　　 へん この辺 이 근방

모양과 발음은 다르지만 비슷한 의미를 가진 周り(주위), まわ 辺り(부근), 隣(이웃)는 함께 알아두세요.

96

隣 이웃 린 N1

訓 となる　となり
隣(となり) 이웃, 이웃집

音 リン
隣人(りんじん) 이웃 사람　隣家(りんか) 인가

97

表 겉 표 N3

訓 おもて　あらわす　あらわれる
表(おもて) 앞면, 겉　表向(おもてむ)き 표면상, 표면적인 명목
表(あらわ)す (감정 등을) 드러내다, (의사를) 표현하다

音 ヒョウ
表(ひょう) 표　表現(ひょうげん) 표현　表情(ひょうじょう) 표정　表紙(ひょうし) 표지　表面(ひょうめん) 표면
代表(だいひょう) 대표　発表(はっぴょう) 발표

> 발음은 같지만 表(あらわ)す는 '(감정이나 생각 등을) 나타내다'라는 의미로 쓰고, 現(あらわ)す는 '(모습을) 드러내다'라는 의미입니다. 좋은 예로 '표정'은 表情(ひょうじょう), '출현'은 出現(しゅつげん)이라고 쓰죠.

98

現 나타날 현 N3

訓 あらわす　あらわれる
現(あらわ)す (모습을) 드러내다　現(あらわ)れる 나타나다

音 ゲン
現実(げんじつ) 현실　実現(じつげん) 실현　現在(げんざい) 현재　現代(げんだい) 현대
現象(げんしょう) 현상　現場(げんば) 현장　現金(げんきん) 현금　表現(ひょうげん) 표현
現役(げんえき) 현역

99

裏 속 리 N3

訓 うら
裏(うら) 뒤, 내면　裏口(うらぐち) 뒷문　裏切(うらぎ)る 배신하다
裏切(うらぎ)り者(もの) 배신자

音 リ
裏面(りめん) 이면

100

横 가로 횡 N3

訓 よこ
横(よこ) 가로　横取(よこど)り 가로챔　横書(よこが)き 가로쓰기
横(よこ)になる 눕다　横浜(よこはま) 요코하마(지명)

音 オウ
横断歩道(おうだんほどう) 횡단보도　横領(おうりょう) 횡령

101 **角** 뿔 각 N3
- 訓 かど つの
  - 角(かど) 모서리, 모퉁이 角(つの) 뿔 角度(かくど) 각도
- 音 カク
  - 三角形(さんかっけい) 삼각형 三角関係(さんかくかんけい) 삼각관계

102 **隅** 모퉁이 우 N2
- 訓 すみ
  - 隅(すみ) 구석 隅々(すみずみ) 구석구석
- 音 グウ

103 **底** 밑 저 N2
- 訓 そこ
  - 底(そこ) 바닥, 밑바닥
- 音 テイ
  - 徹底的(てっていてき) 철저함 徹底(てってい)した 철저한 海底(かいてい) 해저

일본어 필수 어휘 쓰기

01 안 うち
02 밖 そと
03 적중 あたり
04 속 なか
05 주위 まわり
06 부근 あたり
07 이웃 となり
08 앞면 おもて
09 나타나다 あらわれる
10 뒤 うら
11 가로 よこ
12 모서리 かど
13 구석 すみ
14 바닥 そこ

일본어 한자 읽기

01 案内
02 内容
03 外出
04 本当
05 適当
06 中央
07 周囲
08 この辺
09 表現
10 現実
11 横断歩道
12 三角関係
13 徹底的

정답

일본어 필수 어휘 쓰기 1 内 2 外 3 当たり 4 中 5 周り 6 辺り 7 隣 8 表 9 現れる 10 裏 11 横 12 角 13 隅 14 底

일본어 한자 읽기 1 あんない 2 ないよう 3 がいしゅつ 4 ほんとう 5 てきとう 6 ちゅうおう 7 しゅうい 8 このへん 9 ひょうげん 10 げんじつ 11 おうだんほどう 12 さんかくかんけい 13 てっていてき

7. 크기, 수량

104 大 〔큰 대〕 N5

訓 おおきい　おお
大きい 크다　大勢 많은 사람　大型 대형　大幅 대폭
大盛り (음식 등을) 수북하게 담은 것
大げさ 과장됨, 야단스러움　大ざっぱ 대충, 엉성함

音 ダイ　タイ
大事 중요함　大体 도대체, 대강　大丈夫 괜찮음
大学 대학　大胆 대담함　莫大 막대함　大切 소중함
大変 큰일, 대단히

> 사람이 손과 다리를 크게 벌리고 있는 모습에서 '크다'라는 의미를 갖게 되었습니다.

105 小 〔작을 소〕 N5

訓 ちいさい　こ　お
小さい 작다　小包 소포　小型 소형　小遣い 용돈
小切手 수표　小銭 잔돈　小指 새끼손가락

音 ショウ
小学校 초등학교　小説 소설

106 多 〔많을 다〕 N5

訓 おおい
多い 많다

音 タ
多分 아마　多少 다소　多数 다수

107 少 〔적을 소〕 N5

訓 すくない　すこし
少ない 적다　少なくとも 적어도　少し 조금

音 ショウ
少年 소년　少女 소녀　少々 잠시　減少 감소

108 早 〔이를 조〕 N4

訓 はやい　はやまる　はやめる
早い (시각, 시기가) 빠르다, 이르다　早めに 조금 빨리(이르게),
일찌감치　早起き 일찍 일어남　早口 말이 빠름

音 ソウ　サツ
早退 조퇴　早朝 조조, 이른 아침　早速 곧, 즉시

109	速 빠를 속 N3 速	訓 はやい　はやめる　すみやか 速い (속도가) 빠르다　速やか 신속함 音 ソク 早速 곧, 즉시　速達 속달　高速道路 고속도로	시각이나 시기가 '빠르다, 이르다'고 할 때는 早い라고 쓰지만, 속도가 빠르다고 할 때는 速い라고 쓴다는 것에 주의하세요. 반의어인 '느리다, 더디다'는 遅い입니다.

110	遅 늦을 지 N3 遅	訓 おそい　おくれる　おくらす 遅い 느리다, 더디다　遅れる 늦다, 지각하다 音 チ 遅刻 지각　遅延 지연

111	強 굳셀 강 N4 強	訓 つよい　つよまる　つよめる　しいる 強い 강하다　強がる 강한 체하다 音 キョウ　ゴウ 勉強 공부　強調 강조　強制 강제　強引に 억지로

112	弱 약할 약 N4	訓 よわい　よわる　よわまる　よわめる 弱い 약하다　弱虫 겁쟁이　弱音 나약한 소리 音 ジャク 弱点 약점　貧弱 빈약

113	新 새 신 N5	訓 あたらしい　あらた 新しい 새롭다　新た 새로움 音 シン 新聞 신문　新鮮 신선　新幹線 신칸센　新商品 신상품 最新 최신　革新 혁신　新人 신인　新学期 신학기 新郎 신랑　新婦 신부

114	古 예 고 N5	訓 ふるい 古い 오래되다, 낡다　古臭い 낡아빠지다　古本屋 헌책방 音 コ 中古車 중고차　古典 고전　古代 고대

115 旧 예 구 N2 舊
訓
音 キュウ
復旧(ふっきゅう) 복구　旧式(きゅうしき) 구식

116 永 길 영 N2
訓 ながい
永(なが)い (시간적으로) 길다
音 エイ
永遠(えいえん) 영원　永久(えいきゅう) 영구

117 巨 클 거 N2
訓
音 キョ
巨大(きょだい) 거대　巨人(きょじん) 거인

일본어 필수 어휘 쓰기

01 크다　おおきい
02 작다　ちいさい
03 많다　おおい
04 적다　すくない
05 이르다　はやい
06 빠르다　はやい
07 느리다　おそい
08 강하다　つよい
09 약하다　よわい
10 새롭다　あたらしい
11 오래되다　ふるい

일본어 한자 읽기

01 大丈夫
02 小学校
03 多分
04 少々
05 早退
06 早速
07 遅刻
08 強調
09 弱点
10 新聞
11 中古車
12 復旧
13 永遠
14 巨大

정답

일본어 필수 어휘 쓰기 1 大きい　2 小さい　3 多い　4 少ない　5 早い　6 速い　7 遅い　8 強い　9 弱い　10 新しい　11 古い

일본어 한자 읽기 1 だいじょうぶ　2 しょうがっこう　3 たぶん　4 しょうしょう　5 そうたい　6 さっそく　7 ちこく　8 きょうちょう　9 じゃくてん　10 しんぶん　11 ちゅうこしゃ　12 ふっきゅう　13 えいえん　14 きょだい

8. 거리, 넓이

118 長 (길 장) N5

- 訓 ながい
  - 長い 길다
  - 長崎ちゃんぽん 나가사키 짬뽕
- 音 チョウ
  - 延長 연장
  - 身長 신장
  - 長男 장남
  - 課長 과장
  - 校長 교장
  - 園長 원장
  - 成長 성장

119 短 (짧을 단) N4

- 訓 みじかい
  - 短い 짧다
- 音 タン
  - 短大 전문대학
  - 短期間 단기간
  - 短気 성미가 급함

120 高 (높을 고) N5

- 訓 たかい　たか　たかまる　たかめる
  - 高い 높다, 비싸다
  - 円高 엔고
- 音 コウ
  - 高級 고급
  - 高価 고가
  - 高校生 고등학생
  - 高速道路 고속도로
  - 最高 최고

高いと '높다'와 '비싸다'라는 의미를 가지고 있어서 반의어가 低い(낮다)와 安い(싸다), 2가지입니다.

121 低 (낮을 저) N4

- 訓 ひくい　ひくまる　ひくめる
  - 低い 낮다
- 音 テイ
  - 低下 저하
  - 低気圧 저기압
  - 最低 형편없음, 형편없는 인간, 저질

122 安 (편안할 안) N5

- 訓 やすい
  - 安い 싸다
  - 安物 싸구려
  - 安らか 평온함, 태평함
- 音 アン
  - 安全 안전
  - 安心 안심
  - 安定 안정
  - 不安 불안

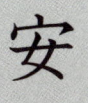
安い의 동음이의어로 '쉽다'라는 의미의 易い가 있습니다.

123

가장 최
N3

訓 もっとも
最も 가장

音 サイ
最高 최고　最低 형편없음　最悪 최악　最初 최초
最後 최후　最近 최근　最中 한창 진행되고 있는 중
最優先 최우선

> 最も(가장)와 비슷한 단어로 一番(첫번째, 최고, 가장), 何よりも(무엇보다도) 등이 있습니다.

124

악할 악
N4 惡

訓 わるい
悪い 나쁘다, 미안하다　悪口 험담

音 アク　オ
悪魔 악마　悪夢 악몽　最悪 최악　悪化 악화
罪悪感 죄악감　嫌悪 혐오　悪寒 오한

> 悪口는 '험담'이라는 뜻이지만 口が悪い 라고 하면 '입이 걸다, 말을 함부로 하다'라는 의미가 됩니다.

125

어질 량
N2

訓 よい
良い 좋다　良く 잘, 자세히　仲良し 사이가 좋음

音 リョウ
不良 불량아　良心 양심　良好 양호

> 良い와 뜻이 같은 단어로 いい가 있습니다. いい는 활용이 안 되지만 良い는 良くない, 良かった처럼 활용할 수 있습니다.

126

깊을 심
N2

訓 ふかい　ふかまる　ふかめる
深い 깊다　深さ 깊이

音 シン
深夜 심야　深刻 심각　深海 심해

127

얕을 천
N2 淺

訓 あさい
浅い 얕다　浅はか 생각이 얕음　浅ましい 한심스럽다
浅草 아사쿠사(지명)

音 セン

128 近 가까울 근 N4

訓 ちかい
近い 가깝다　近づく 가까이 가다　近道 지름길

音 キン
近所 근처, 이웃　最近 최근

129 遠 멀 원 N4

訓 とおい
遠い 멀다　遠回し 에둘러 말함　遠回り 길을 멀리 돌아 감

音 エン
遠慮 사양함　遠足 소풍　遠距離恋愛 장거리 연애
永遠 영원

130 広 넓을 광 N4 廣

訓 ひろい　ひろまる　ひろめる　ひろがる　ひろげる
広い 넓다　広がる 넓어지다　広場 광장
広島 히로시마(지명)

音 コウ
広告 광고　広大 광대함

131 狭 좁을 협 N2 狹

訓 せまい　せばまる　せばめる
狭い 좁다

音 キョウ
偏狭 편협

132 幅 폭 폭 N2

訓 はば
幅 폭　大幅 대폭

音 フク
増幅 증폭

일본어 필수 어휘 쓰기

01 길다 ながい
02 짧다 みじかい
03 높다 たかい
04 낮다 ひくい
05 싸다 やすい
06 가장 もっとも
07 나쁘다 わるい
08 좋다 よい
09 깊다 ふかい
10 얕다 あさい
11 가깝다 ちかい
12 멀다 とおい
13 넓다 ひろい
14 좁다 せまい
15 폭 はば

일본어 한자 읽기

01 身長
02 短気
03 高校生
04 低気圧
05 安全
06 最悪
07 不良
08 深夜
09 近所
10 遠慮
11 広告

정답

일본어 필수 어휘 쓰기 1 長い 2 短い 3 高い 4 低い 5 安い 6 最も 7 悪い 8 良い 9 深い 10 浅い 11 近い 12 遠い 13 広い 14 狭い 15 幅

일본어 한자 읽기 1 しんちょう 2 たんき 3 こうこうせい 4 ていきあつ 5 あんぜん 6 さいあく 7 ふりょう 8 しんや 9 きんじょ 10 えんりょ 11 こうこく

9. 질감

133 重 무거울 중 N4
- 訓 おもい かさねる かさなる え
  - 重い 무겁다　重たい 묵직하다　重ねる 겹치다
  - 重なる 포개어지다
- 音 ジュウ チョウ
  - 重要 중요　重大 중대　体重 체중　貴重 귀중함
  - 慎重 신중함

134 軽 가벼울 경 N4
- 訓 かるい かろやか
  - 軽い 가볍다　軽やか 가뿐함
- 音 ケイ
  - 軽蔑 경멸　軽快 경쾌　軽度 경도

135 太 클 태 N4
- 訓 ふとい ふとる
  - 太い 굵다　太る 살찌다
- 音 タイ タ
  - 太陽 태양　太平洋 태평양　明太子 명란젓, 명태알

> 太い(굵다)의 반의어는 細い(가늘다), 太る(살찌다)의 반의어는 痩せる(살이 빠지다)입니다.

136 陽 볕 양 N2
- 訓
- 音 ヨウ
  - 太陽 태양　陽気 양기　陽性 양성

137 細 가늘 세 N3
- 訓 ほそい ほそる こまかい こまか
  - 細い 가늘다　細かい 잘다
- 音 サイ
  - 詳細 상세　繊細 섬세　明細書 명세서

138
야윌 수
N1

訓 やせる
痩せる 살이 빠지다

音 ソウ

139
얇을 박
N3

訓 うすい　うすまる　うすめる　うすれる
薄い 얇다, 연하다, 싱겁다　薄着 옷을 얇게 입음
薄める 묽게 하다, 연하게 하다

音 ハク
軽薄 경박

> 薄い는 '얇다, 연하다, 싱겁다'라는 여러 의미를 가지고 있습니다. 따라서 厚い(두껍다), 濃い(진하다), しょっぱい(짜다)가 모두 薄い의 반의어입니다.

140
두터울 후
N3

訓 あつい
厚い 두껍다　厚着 옷을 여러 겹 껴입음
厚かましい 뻔뻔하다

音 コウ
温厚 온후함

141
짙을 농
N3

訓 こい
濃い 진하다

音 ノウ
濃度 농도　濃縮 농축

142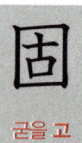
굳을 고
N2

訓 かたい　かたまる　かためる
固い 굳다, 확고하다　固まる 굳다, 굳어지다, 확고해지다
固める 굳히다, 다지다, 확고히 하다

音 コ
頑固 완고　固体 고체

> 사람이 자신의 생각만 고집하고 융통성이 없을 때 頭が固い라고 합니다.

143 堅 굳을 견 N1

訓 かたい
堅(かた)い 단단하다, 튼튼하다

音 ケン
堅固(けんご) 견고　堅実(けんじつ) 건실함, 착실함

> '입이 무겁다'는 일본어로 口(くち)が堅(かた)い라고 하고 '입이 가볍다'는 口(くち)が軽(かる)い입니다. 우리말과 달리 口(くち)が重(おも)い는 '과묵하다, 말수가 적다'라는 뜻입니다.

144 硬 굳을 경 N2

訓 かたい
硬(かた)い 딱딱하다

音 コウ
硬度(こうど) 경도　強硬(きょうこう) 강경

145 柔 부드러울 유 N2

訓 やわらかい　やわらか
柔(やわ)らかい 부드럽다, 폭신폭신하다, 유연하다

音 ジュウ
柔道(じゅうどう) 유도　柔軟(じゅうなん) 유연　優柔不断(ゆうじゅうふだん) 우유부단

146 軟 연할 연 N2

訓 やわらかい　やわらか
軟(やわ)らかい 무르다, 연하다

音 ナン
軟弱(なんじゃく) 연약　柔軟(じゅうなん) 유연

일본어 필수 어휘 쓰기

01 무겁다 おもい
02 가볍다 かるい
03 굵다 ふとい
04 가늘다 ほそい
05 살이 빠지다 やせる
06 얇다 うすい
07 두껍다 あつい
08 진하다 こい
09 굳다 かたい
10 단단하다 かたい
11 딱딱하다 かたい
12 부드럽다 やわらかい
13 무르다 やわらかい

일본어 한자 읽기

01 重要
02 軽蔑
03 太陽
04 詳細
05 濃度
06 頑固
07 堅実
08 柔道

정답

일본어 필수 어휘 쓰기 1 重い 2 軽い 3 太い 4 細い 5 痩せる 6 薄い 7 厚い 8 濃い 9 固い 10 堅い 11 硬い 12 柔らかい 13 軟らかい

일본어 한자 읽기 1 じゅうよう 2 けいべつ 3 たいよう 4 しょうさい 5 のうど 6 がんこ 7 けんじつ 8 じゅうどう

10. 기온 말하기, 맛 말하기

147

찰 한
N4

訓 さむい
寒い 춥다　寒さ 추위　寒気 한기

音 カン
寒波 한파　悪寒 오한

148

더울 서
N4　暑

訓 あつい
暑い 덥다　蒸し暑い 무덥다　暑さ 더위

音 ショ
避暑 피서

> 사람(者)의 머리 위에 해(日)가 뜨겁게 비치니 '덥다'라는 의미입니다. 발음은 같지만 '덥다'라고 할 때는 暑い라고 쓰고, '뜨겁다'고 할 때는 熱い라고 씁니다.

149

더울 열
N3

訓 あつい
熱い 뜨겁다

音 ネツ
熱 열　情熱 정열　熱心 열심　熱中 열중　熱意 열의

> 우리는 뜨거운 물질이 몸에 닿으면 "앗 뜨거워!"라고 하죠? 그때 사용하는 단어가 바로 熱い！입니다. 일본 격언 鉄は熱いうちに打て(철은 뜨거울 때 때려라)는 우리말의 '쇠뿔도 단김에 뽑아라'와 같은 의미입니다.

150

찰 랭
N3

訓 つめたい　さめる　さます　ひえる　ひやす　ひやかす
冷たい 차다, 냉담하다　冷やす 차게 하다　冷める 식다

音 レイ
冷静 냉정　冷蔵庫 냉장고　冷凍 냉동

151

서늘할 량
N2

訓 すずしい　すずむ
涼しい 시원하다

音 リョウ
清涼飲料 청량음료

152

暖

따뜻할 난
N3

訓 あたたかい　あたたまる　あたためる　あたたか
暖かい 따뜻하다(기온, 색감, 방 등)

音 ダン
暖房 난방　温暖化 온난화

153 温 따뜻할 온 N3

訓 あたたかい　あたたまる　あためる　あたたか
温かい 따뜻하다(음식, 목욕물, 마음 등)　温める 데우다

音 オン
気温 기온　温度 온도　温泉 온천　温室 온실
体温 체온

> 暖かいは 기온(기후)과 색감, 방이 따뜻하다고 할 때 사용하고, 温かいは 음식, 목욕물, 마음이 따뜻하다고 할 때 사용합니다. 暖かいの 반의어는 寒い이고, 温かいの 반의어는 冷たい라는 점을 기억해두세요.

154 明 밝을 명 N4

訓 あかり　あかるい　あかるむ　あからむ　あきらか　あきらめる
あける　あく　あくる　あかす
明るい 밝다　明らか 명백함　*明日 내일

音 メイ　ミョウ
明確 명확함　説明 설명　証明 증명　発明 발명
賢明 현명함　透明 투명　明細書 명세서

> 밝은 해(日)와 달(月)이 함께 하여 밝다(明)라는 의미가 되었습니다.

155 暗 어두울 암 N4

訓 くらい
暗い 어둡다　真っ暗 캄캄함

音 アン
暗記 암기　暗算 암산　暗証番号 비밀번호　暗号 암호
暗殺 암살

156 辛 매울 신 N2

訓 からい
辛い 맵다　唐辛子 고추　辛口 매운맛을 좋아함

音 シン
辛抱 인내, 참고 견딤

157 甘 달 감 N2

訓 あまい　あまえる　あまやかす
甘い 달다, 엄하지 않다　甘える 응석부리다
甘やかす 응석을 받아주다

音 カン
甘味 감미

158
초 산
N1

訓 すい
酸っぱい 시다, 시큼하다

音 サン
酸性 산성　酸素 산소　酸化 산화　炭酸 탄산
酸味 신맛

159
떫을 삽
N1 澁

訓 しぶ　しぶい
渋い 떫다　渋谷 시부야(지명)

音 ジュウ
渋滞 정체

160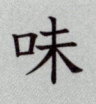
맛 미
N4

訓 あじ　あじわう
味 맛　味見 맛을 봄　味気ない 무미건조하다, 시시하다
味わう 맛보다, 체험하다

音 ミ
地味 수수함　意味 의미　興味 흥미　趣味 취미
味方 같은 편　調味料 조미료　不気味 어쩐지 기분이 나쁨

161
일어날 흥
N1

訓 おこす　おこる
興す 번성하다, 흥하다

音 コウ　キョウ
興奮 흥분　興味 흥미　興味深い 흥미롭다

일본어 필수 어휘 쓰기

- 01 춥다 さむい
- 02 덥다 あつい
- 03 뜨겁다 あつい
- 04 차다 つめたい
- 05 시원하다 すずしい
- 06 (기온이) 따뜻하다 あたたかい
- 07 (음식이) 따뜻하다 あたたかい
- 08 밝다 あかるい
- 09 어둡다 くらい
- 10 맵다 からい
- 11 달다 あまい
- 12 시다 すっぱい
- 13 떫다 しぶい
- 14 맛 あじ

일본어 한자 읽기

- 01 寒波
- 02 避暑
- 03 熱
- 04 冷蔵庫
- 05 暖房
- 06 温度
- 07 説明
- 08 暗記
- 09 辛抱
- 10 酸素
- 11 渋滞
- 12 興味

정답

일본어 필수 어휘 쓰기 1 寒い 2 暑い 3 熱い 4 冷たい 5 涼しい 6 暖かい 7 温かい 8 明るい 9 暗い 10 辛い 11 甘い 12 酸っぱい 13 渋い 14 味

일본어 한자 읽기 1 かんぱ 2 ひしょ 3 ねつ 4 れいぞうこ 5 だんぼう 6 おんど 7 せつめい 8 あんき 9 しんぼう 10 さんそ 11 じゅうたい 12 きょうみ

11. 색, 모양, 냄새

162 色 — 빛 색 (N4)

訓 いろ
色 색   顔色 안색   色気 색기   虹色 무지개색

音 ショク　シキ
特色 특색   景色 경치

163 景 — 경치 경 (N2)

訓

音 ケイ
景気 경기   光景 광경   夜景 야경   風景 풍경
*景色 경치

164 形 — 모양 형 (N3)

訓 かた　かたち
形 모양   形見 유품

音 ケイ　ギョウ
形式 형식   人形 인형   形容詞 형용사   過去形 과거형

165 型 — 모형 형 (N3)

訓 かた
大型 대형   小型 소형   血液型 혈액형

音 ケイ
体型 체형   典型的 전형적

166 姿 — 맵시 자 (N1)

訓 すがた
姿 모습

音 シ
姿勢 자세

> 여자(女)의 첫 번째 덕목은 마음씨이지만 그 다음[次]은 바로 '맵시'라는 것에서 나온 한자입니다.

55

167

동글 환
N2

訓 まるい　まるめる　まる
丸 동그라미　丸い 둥글다　丸見え 훤히 보임
丸暗記 통째로 외움　丸太 통나무

音 ガン
弾丸 탄환

168
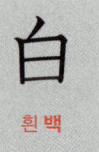
흰 백
N5

訓 しろ　しろい　しら
白 흰색　白い 희다　面白い 재미있다　真っ白 새하얌
白髪 백발　白雪姫 백설공주

音 ハク
告白 고백　自白 자백　白人 백인　白衣 백의　白馬 백마

> 우리말에 '백안시하다'라는 말이 있는 것처럼 白い目で見る라고 하면 '차갑고 냉담한 시선으로 보다', '남을 업신여기거나 무시하는 태도로 흘겨보다'라는 뜻입니다. 수동태 白い目で見られる로 쓰일 때가 많습니다.

169

검을 흑
N4

訓 くろ　くろい
黒 검정　黒字 흑자　真っ黒 새까맘

音 コク
黒板 칠판　黒人 흑인

170

푸를 청
N4　靑

訓 あお　あおい
青 파랑　青空 푸른 하늘　青白い 푸르스름하다, 창백하다

音 セイ　ショウ
青春 청춘　青年 청년

171

붉을 적
N4

訓 あか　あかい　あからむ　あからめる
赤 빨강　赤字 적자　赤ちゃん 아기

音 セキ　シャク
赤道 적도　赤外線 적외선

172

초록빛 록
N3　綠

訓 みどり
緑 녹색

音 リョク
緑茶 녹차　緑地 녹지

173 黄
누를 황 — N3 黄

訓 き　こ
黄色(きいろ) 노랑

音 オウ　コウ
黄金(おうごん) 황금　黄銅(おうどう) 황동

黄色い声는 여자나 아이의 새된 목소리를 말합니다. 흔히 팬들이 "꺄" 하고 소리지르는 모습을 나타냅니다.

174 香
향기 향 — N2

訓 か　かおり　かおる
香(かお)り 향기　*香港(ほんこん) 홍콩

音 コウ　キョウ
香水(こうすい) 향수　香料(こうりょう) 향료　香辛料(こうしんりょう) 향신료

175 匂
향내 내 — N1 일본한자

訓 におい　におう
匂(にお)い 냄새

音

'냄새가 난다'라고 할 때는 匂いがする라고 합니다.

176 臭
냄새 취 — N1 臭

訓 くさい
臭(くさ)い 악취가 나다, 수상쩍다

音 シュウ
悪臭(あくしゅう) 악취

臭い가 다른 단어 뒤에 붙어서 사용될 때는 古くさい(낡아빠지다), 面倒くさい(매우 귀찮다)와 같이 히라가나로 적는 경우가 많습니다.

일본어 필수 어휘 쓰기

01 색 いろ
02 모양 かたち
03 대형 おおがた
04 모습 すがた
05 둥글다 まるい
06 흰색 しろ
07 검정 くろ
08 파랑 あお
09 빨강 あか
10 녹색 みどり
11 노랑 きいろ
12 향기 かおり
13 냄새 におい
14 악취가 나다 くさい

일본어 한자 읽기

01 景色
02 人形
03 体型
04 姿勢
05 弾丸
06 告白
07 黒板
08 青春
09 赤外線
10 緑茶
11 黄金
12 香水

정답

일본어 필수 어휘 쓰기 1 色 2 形 3 大型 4 姿 5 丸い 6 白 7 黒 8 青 9 赤 10 緑 11 黄色 12 香り 13 匂い 14 臭い

일본어 한자 읽기 1 けしき 2 にんぎょう 3 たいけい 4 しせい 5 だんがん 6 こくはく 7 こくばん 8 せいしゅん 9 せきがいせん 10 りょくちゃ 11 おうごん 12 こうすい

12. 자연

177 **空** 빌 공 N5

訓 そら　あく　あける　から　すく
空(そら) 하늘　青空(あおぞら) 푸른 하늘　夜空(よぞら) 밤하늘
空(あ)く (자리, 시간 등이) 비다　空(あ)き缶(かん) 빈 깡통　空(あ)き地(ち) 공터
空(から)っぽ 속이 텅 빔　空手(からて) 가라데, 공수도

音 クウ
空気(くうき) 공기　空間(くうかん) 공간　空港(くうこう) 공항　航空(こうくう) 항공

178 **海** 바다 해 N4

訓 うみ
海(うみ) 바다　海辺(うみべ) 해변

音 カイ
海岸(かいがん) 해안　海水浴(かいすいよく) 해수욕　海外旅行(かいがいりょこう) 해외여행
海賊(かいぞく) 해적

179 **岸** 언덕 안 N2

訓 きし
岸(きし) 물가

音 ガン
海岸(かいがん) 해안

180 **山** 뫼 산 N5

訓 やま
山(やま) 산　山登(やまのぼ)り 등산　山積(やまづ)み 산적, 산더미

音 サン　ザン
富士山(ふじさん) 후지산　火山(かざん) 화산　山菜(さんさい) 산나물

> 우리말의 '티끌 모아 태산'처럼 일본에는 塵(ちり)も積(つ)もれば山(やま)となる라는 말이 있어요. '먼지도 쌓이면 산이 된다'라는 뜻입니다.

181 **川** 내 천 N5

訓 かわ
川(かわ) 강　小川(おがわ) 작은 강　谷川(たにがわ) 계류

音 セン
河川(かせん) 하천

182

물 하
N2

訓 かわ
河原(かわら) 강가의 모래밭

音 カ ガ
運河(うんが) 운하　銀河(ぎんが) 은하

> 河와 비슷하게 생긴 한자가 있는데, 바로 何[어찌 하, 나니/なん·か]라는 한자입니다. 부수에 주의하세요!

183

별 성
N2

訓 ほし
星(ほし) 별　流れ星(ながれぼし) 유성, 별똥별

音 セイ
衛星(えいせい) 위성　惑星(わくせい) 혹성　火星(かせい) 화성　金星(きんせい) 금성

184

빛 광
N4

訓 ひかる　ひかり
光る(ひかる) 빛나다　光(ひかり) 빛

音 コウ
光栄(こうえい) 영광　光景(こうけい) 광경　観光(かんこう) 관광

> '사람(儿)이 횃불(火)을 들고 밝게 비춘다'라는 의미에서 나온 한자입니다.

185

돌 석
N3

訓 いし
石(いし) 돌

音 セキ　シャク
石油(せきゆ) 석유　石炭(せきたん) 석탄　宝石(ほうせき) 보석　一石二鳥(いっせきにちょう) 일석이조
磁石(じしゃく) 자석

> 일본 격언 石の上にも三年(いしのうえにもさんねん)(돌 위에서도 3년)은 '참고 견디면 복이 온다'라는 뜻입니다.

186

바위 암
N2

訓 いわ
岩(いわ) 바위

音 ガン
岩石(がんせき) 암석　溶岩(ようがん) 용암

187

골 곡
N2

訓 たに
谷(たに) 골짜기

音 コク
渓谷(けいこく) 계곡

188 森 — 나무빽빽할 삼 (N4)

訓 もり
- 森 숲 青森 아오모리(지명)

音 シン
- 森林 삼림

> 빽빽하게 모여 있는 나무(木)의 모습이 숲(森)을 뜻하는 한자가 되었습니다.

189 林 — 수풀 림 (N4)

訓 はやし
- 林 수풀

音 リン
- 林業 임업 密林 밀림

> 나무(木)가 심어져 있는 모습에서 수풀(林)을 의미하는 한자가 되었습니다.

190 田 — 밭 전 (N4)

訓 た
- 田 논 田畑 논밭 田んぼ 논 *田舎 시골

音 デン
- 田園 전원 油田 유전

> 한국에서는 '밭 전'자 이지만 일본에서는 '논'이라는 의미로 쓰입니다.

191 畑 — 화전 전 (N2 일본한자)

訓 はた はたけ
- 畑 밭 田畑 논밭

音

192 耕 — 밭 갈 경 (N2)

訓 たがやす
- 耕す (논밭을) 갈다

音 コウ
- 耕作 경작 耕地 경지

193 島 — 섬 도 (N3)

訓 しま
- 島 섬 島国 섬나라 広島 히로시마(지명) 福島 후쿠시마(지명)

音 トウ
- 半島 반도 無人島 무인도

> 새(鳥)가 바다에서 우뚝 솟은 산(山)에 날아든다는 것에서 섬(島)이라는 글자가 되었습니다.

194

물결 **파**
N3

訓 **なみ**
なみ
波 파도

音 **ハ**
のう は　　でん ぱ　　かん ぱ
脳波 뇌파　電波 전파　寒波 한파

195
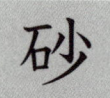
모래 **사**
N3

訓 **すな**
すな
砂 모래

音 **サ　シャ**
さ ばく　　　さ とう
砂漠 사막　砂糖 설탕

196
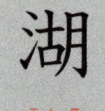
호수 **호**
N3

訓 **みずうみ**
みずうみ
湖 호수

音 **コ**
こ
ネス湖 네스호(스코틀랜드의 호수)

'물(氵)'이 예(古)로부터 고여 있는 곳에 달(月)의 그림자가 비춘다라고 해서 호수(湖)라는 의미가 되었습니다.

197
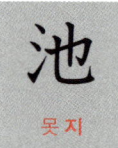
못 **지**
N4

訓 **いけ**
いけ　　　　いけぶくろ
池 연못　池袋 이케부쿠로(지명)

音 **チ**
でん ち　　ちょすい ち
電池 전지　貯水池 저수지

198

샘 **천**
N2

訓 **いずみ**
いずみ
泉 샘

音 **セン**
おんせん
温泉 온천

199

연기 **연**
N3

訓 **けむり　けむる　けむい**
けむり
煙 연기

音 **エン**
きんえん
禁煙 금연

일본 격언 火のない所に煙は立たぬ (불이 없는 곳에는 연기가 나지 않는다)는 우리말의 '아니 땐 굴뚝에 연기 날까'와 같은 의미입니다.

200	

灰
재 회
N2 灰

訓 はい
灰 재 灰色 회색 灰皿 재떨이 火山灰 화산재
音 カイ
石灰 석회

201	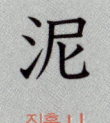

泥
진흙 니
N2

訓 どろ
泥 진흙 泥まみれ 진흙투성이 泥棒 도둑
音 デイ

> 顔に泥を塗る(얼굴에 진흙을 칠하다)는 우리말의 '얼굴에 먹칠을 하다'와 같은 의미입니다.

202	

泡
거품 포
N1

訓 あわ
泡 거품
音 ホウ
気泡 기포 発泡酒 발포주

일본어 필수 어휘 쓰기

01 하늘 そら _____   09 골짜기 たに _____

02 바다 うみ _____   10 숲 もり _____

03 산 やま _____   11 논 た _____

04 강 かわ _____   12 밭 はたけ _____

05 별 ほし _____   13 (논밭을) 갈다 たがやす _____

06 빛 ひかり _____   14 섬 しま _____

07 돌 いし _____   15 파도 なみ _____

08 바위 いわ _____   16 모래 すな _____

17 호수 みずうみ

18 연못 いけ

19 샘 いずみ

20 연기 けむり

21 재 はい

22 진흙 どろ

23 거품 あわ

일본어 한자 읽기

01 空気

02 海岸

03 富士山

04 河川

05 衛星

06 光栄

07 石油

08 岩石

09 森林

10 田舎

11 耕作

12 無人島

13 電波

14 砂糖

15 電池

16 温泉

17 禁煙

18 発泡酒

정답

일본어 필수 어휘 쓰기 1 空 2 海 3 山 4 川 5 星 6 光 7 石 8 岩 9 谷 10 森 11 田 12 畑 13 耕す 14 島 15 波 16 砂 17 湖 18 池 19 泉 20 煙 21 灰 22 泥 23 泡

일본어 한자 읽기 1 くうき 2 かいがん 3 ふじさん 4 かせん 5 えいせい 6 こうえい 7 せきゆ 8 がんせき 9 しんりん 10 いなか 11 こうさく 12 むじんとう 13 でんぱ 14 さとう 15 でんち 16 おんせん 17 きんえん 18 はっぽうしゅ

13. 사람

203 人 | 사람 인 | N5

訓 ひと
- 人 (ひと) 사람, 남
- 一人っ子 (ひとりっこ) 독자
- 人柄 (ひとがら) 인품
- 恋人 (こいびと) 애인
- 人手 (ひとで) 남의 도움, 일손
- *大人 (おとな) 어른, 성인

音 ジン ニン
- 人生 (じんせい) 인생
- 人口 (じんこう) 인구
- 人類 (じんるい) 인류
- 美人 (びじん) 미인
- 人物 (じんぶつ) 인물
- 人間 (にんげん) 인간
- 人気 (にんき) 인기
- 人形 (にんぎょう) 인형
- 浪人 (ろうにん) 재수, 재수생

204 男 | 사내 남 | N5

訓 おとこ
- 男 (おとこ) 남자
- 男らしい (おとこらしい) 사내답다

音 ダン ナン
- 男子 (だんし) 남자
- 男性 (だんせい) 남성
- 長男 (ちょうなん) 장남
- 次男 (じなん) 차남

논과 밭(田)에서 힘(力)을 써서 일한다는 의미에서 남자(男)라는 글자가 되었습니다.

205 女 | 계집 녀 | N5

訓 おんな め
- 女 (おんな) 여자
- 女の子 (おんなのこ) 여자아이

音 ジョ ニョ ニョウ
- 女子 (じょし) 여자
- 女性 (じょせい) 여성
- 少女 (しょうじょ) 소녀
- 処女 (しょじょ) 처녀
- 男女 (だんじょ) 남녀
- 女房 (にょうぼう) 아내, 처

206 彼 | 저 피 | N2

訓 かれ かの
- 彼 (かれ) 그, 남자친구
- 彼氏 (かれし) 남자친구
- 彼女 (かのじょ) 그녀, 여자친구

音 ヒ
- 彼岸 (ひがん) 피안

207 私 | 사사 사 | N4

訓 わたくし
- 私 (わたし) 저

音 シ
- 私鉄 (してつ) 사철
- 私立 (しりつ) 사립

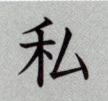

208	僕 종 복 N1	訓 音 ボク 僕 나(남자가 나이나 지위에 상관없이 일반적으로 사용)
209	俺 나 엄 N1	訓 おれ 俺 나(남자가 자신과 대등하거나 더 아래 사람과 대화할 때 사용) 音 エン
210	我 나 아 N1	訓 われ　わ 我々 우리들　我が国 우리나라 音 ガ 我慢 참음
211	皆 다 개 N2	訓 みな 皆さん 여러분　皆 모두 音 カイ 皆勤 개근
212	君 임금 군 N3	訓 きみ 君 자네, 그대 音 クン 〜君 〜군(일본에서는 남녀 모두 '군'을 붙여 사용)
213	誰 누구 수 N1	訓 だれ　たれ 誰 누구 音 スイ

독립적으로 사용할 때는 君라고 하고, 이름 뒤에 붙여서 쓸 때는 〜君이 됩니다. 한국에서는 '〜군'을 남자에게만 사용하지만 일본에서는 남녀 모두에게 사용합니다.

214 **有** 있을 유 N4
- 訓 ある
  - 有り難い あ(り)がた(い) 감사하다
- 音 ユウ ウ
  - 有名 ゆうめい 유명 有効 ゆうこう 유효 有無 うむ 유무

215 **名** 이름 명 N5
- 訓 な
  - 名前 なまえ 이름 あだ名 あだな 별명 名乗る なの(る) 이름을 대다, 신분을 밝히다
  - 名古屋 なごや 나고야(지명)
- 音 メイ　ミョウ
  - 有名 ゆうめい 유명 名刺 めいし 명함 署名 しょめい 서명 名作 めいさく 명작
  - 指名 しめい 지명 名誉 めいよ 명예 名義 めいぎ 명의 名字 みょうじ 성 本名 ほんみょう 본명

저녁(夕)이 되어 어두워지면 보이지 않으므로 소리(口) 내어 이름(名)을 불러야 한다는 의미에서 생긴 글자입니다.

216 **姓** 성 성 N2
- 訓
- 音 セイ
  - 姓名 せいめい 성명

여자(女)가 아이를 낳으면(生) 그 아이에게 집안의 성(姓)이 붙는다는 의미입니다.

217 **友** 벗 우 N5
- 訓 とも
  - 友達 ともだち 친구
- 音 ユウ
  - 友情 ゆうじょう 우정 親友 しんゆう 절친(best friend) 友人 ゆうじん 친구

218 **達** 통할 달 N3 達
- 訓
- 音 タツ
  - 上達 じょうたつ 숙달, 실력이 향상됨 配達 はいたつ 배달 速達 そくたつ 속달
  - 達人 たつじん 달인 *友達 ともだち 친구 達成 たっせい 달성

219 **児** 아이 아 N2 兒
- 訓
- 音 ジ　ニ
  - 児童 じどう 아동 小児科 しょうにか 소아과

67

220 童 아이 동 N2
訓 わらべ
音 ドウ
児童(じどう) 아동　童話(どうわ) 동화　童謡(どうよう) 동요

일본어 필수 어휘 쓰기

01 독자　ひとりっこ
02 사내답다　おとこらしい
03 그녀　かのじょ
04 저　わたし
05 나　おれ
06 우리나라　わがくに
07 여러분　みなさん
08 자네　きみ
09 누구　だれ
10 이름　なまえ
11 친구　ともだち

일본어 한자 읽기

01 人生
02 男子
03 女性
04 私鉄
05 僕
06 我慢
07 名字
08 姓名
09 友情
10 配達
11 児童

정답

일본어 필수 어휘 쓰기 1 一人っ子　2 男らしい　3 彼女　4 私　5 俺　6 我が国　7 皆さん　8 君　9 誰　10 名前　11 友達

일본어 한자 읽기 1 じんせい　2 だんし　3 じょせい　4 してつ　5 ぼく　6 がまん　7 みょうじ　8 せいめい　9 ゆうじょう　10 はいたつ　11 じどう

14. 가족

221 家 집가 N4

訓 いえ や
いえ
家 집　家出 가출　家柄 집안, 가문　家賃 방값
大家 주인집

音 カ ケ
家族 가족　家庭 가정　家事 가사　家内 아내
実家 고향집, 친정

> 옛날에는 집(宀)에서 돼지(豕)를 기르는 곳이 많아서 집(家)이라는 글자가 되었습니다.

222 族 겨레 족 N4

訓

音 ゾク
家族 가족　水族館 수족관　民族 민족　暴走族 폭주족

223 親 친할 친 N4

訓 おや したしい したしむ
親 부모　親子 부모와 자식　親孝行 효도
親指 엄지손가락　親しい 친하다

音 シン
両親 양친　親戚 친척　親類 친척, 일가　親切 친절

> 우리가 잘 아는 일본 음식 오야코동(닭고기덮밥)은 부모(親)인 닭고기와 자식(子)인 달걀이 함께 들어간 음식이라는 뜻에서 親子丼이라는 이름이 되었답니다.

224 両 두 량 N3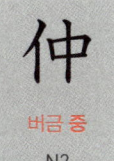

訓

音 リョウ
両親 양친　両方 양쪽　両替 환전, 잔돈 교환

225 仲 버금 중 N2

訓 なか
仲 (사람과 사람) 사이, 관계　仲良し 사이가 좋음
仲直り 화해　仲間 함께 어울리는 친구, 무리

音 チュウ
仲介 중개

226

아비 부
N5

訓 ちち
父 아버지　父親 부친　お父さん 아버지

音 フ
祖父 조부

227

어미 모
N5

訓 はは
母 어머니　母親 모친　お母さん 어머니

音 ボ
祖母 조모　母校 모교

228

할아비 조
N2　祖

訓

音 ソ
祖父 조부　祖母 조모　祖先 선조

229

아들 자
N5

訓 こ
子 자식　男の子 남자아이　子ども 아이　息子 아들

音 シ　ス
女子 여자　調子 상태, 컨디션　お菓子 과자　帽子 모자
様子 상태, 상황　椅子 의자

230

두 쌍
N2　雙

訓 ふた
双子 쌍둥이

音 ソウ
双生児 쌍생아　双眼鏡 쌍안경

231

아가씨 낭
N2

訓 むすめ
娘 딸

音

여자(女)의 가장 아름답고 좋은(良) 시절은 젊은 처녀(娘) 때라는 의미입니다.

232
형 형
N4

訓 あに
兄 형 兄貴 형님 お兄さん 형

音 ケイ　キョウ
兄弟 형제

233
아우 제
N4

訓 おとうと
弟 남동생

音 テイ　ダイ　デ
兄弟 형제 弟子 제자

234
손윗누이 자
N4

訓 あね
姉 누나, 언니 お姉さん 누나, 언니

音 シ
姉妹 자매

235
누이 매
N4

訓 いもうと
妹 여동생

音 マイ
姉妹 자매

236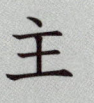
손자 손
N2

訓 まご
孫 손자 孫娘 손녀

音 ソン
子孫 자손

자식(子)의 대를 잇는 (系) 사람이니 손자 (孫)를 의미합니다.

237 主
주인 주
N4

訓 ぬし　おも
持ち主 소유자, 주인 主に 주로

音 シュ　ズ
主人 남편 主婦 주부 主義 주의 主役 주역
主題 주제

타오르는 등잔을 본 뜬 것으로 등불의 중심이 주인(主)이라는 의미입니다.

238

婦
며느리 부
N3

訓
音 フ

主婦 주부　夫婦 부부　婦人 부인　家政婦 가정부
新婦 신부

빗자루(帚)를 들고 집안을 청소하는 여자(女)라는 의미로 부인(婦)을 뜻하게 되었습니다.

239

夫
지아비 부
N3

訓 おっと
夫 남편

音 フ　フウ
夫婦 부부　大丈夫 괜찮음　工夫 궁리

사람 모양을 한 큰 대(大) 자에 가로획을 하나 그어 상투를 튼 성인 남자(夫)의 모습을 의미하게 되었습니다.

240

妻
아내 처
N3

訓 つま
妻 아내　人妻 남의 아내, 유부녀

音 サイ
妻子 처자식

241

奥
속 오
N3

訓 おく
奥 안, 속　奥さん 부인(남의 아내의 높임말)

音 オウ
深奥 심오

일본어 필수 어휘 쓰기

01 집 いえ
02 부모 おや
03 사이 なか
04 아버지 ちち
05 어머니 はは
06 아들 むすこ
07 쌍둥이 ふたご
08 딸 むすめ
09 형 あに
10 남동생 おとうと
11 언니 あね
12 여동생 いもうと
13 손자 まご
14 주로 おもに
15 남편 おっと
16 아내 つま
17 부인 おくさん

일본어 한자 읽기

01 家族
02 両親
03 祖父
04 祖母
05 調子
06 兄弟
07 姉妹
08 主人
09 夫婦

정답

일본어 필수 어휘 쓰기 1 家 2 親 3 仲 4 父 5 母 6 息子 7 双子 8 娘 9 兄 10 弟 11 姉 12 妹 13 孫 14 主に 15 夫 16 妻 17 奥さん

일본어 한자 읽기 1 かぞく 2 りょうしん 3 そふ 4 そぼ 5 ちょうし 6 きょうだい 7 しまい 8 しゅじん 9 ふうふ

15. 얼굴

242

頭
머리 두
N4

訓 あたま　かしら
あたま
頭 머리

音 トウ　ズ
〜頭 〜마리(큰 동물을 셀 때)　頭痛 두통　頭脳 두뇌

243

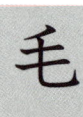

髪
터럭 발
N2　髪

訓 かみ
髪 머리카락　髪の毛 머리카락　髪形 머리 모양
前髪 앞머리

音 ハツ
金髪 금발

244

毛
털 모
N2

訓 け
髪の毛 머리카락　毛糸 털실　眉毛 눈썹

音 モウ
毛布 담요

245

顔
얼굴 안
N4

訓 かお
顔 얼굴　素顔 맨얼굴, 민낯　笑顔 웃는 얼굴　顔色 안색
顔見知り 안면이 있음

音 ガン
洗顔 세안

'발이 넓다'라는 말을 일본에서는 顔が広い라고 합니다.

246

首
머리 수
N4

訓 くび
首 목, 해고

音 シュ
首都 수도　首相 수상　首脳 수뇌　自首 자수

우리나라에서 '해고'를 속되게 '모가지'라고 하는 것처럼 일본에서도 首になる라고 하면 '해고되다'라는 뜻입니다.

247

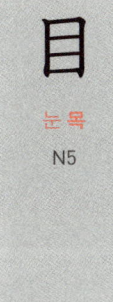

目 눈 목 N5

訓 め　ま
目 눈　目つき 눈빛, 눈매　一目ぼれ 첫눈에 반함
見た目 외모　目当て 노리는 것, 목적　目障り 눈에 거슬림
目立つ 눈에 띄다　目指す 목표로 하다, 겨냥하다
駄目 해서는 안 됨

音 モク　ボク
目標 목표　目的 목적　目撃 목격　注目 주목
面目 면목

일본어로 大目に見る는 '실수 등을 너그러이 봐주다', 目が回る는 눈이 핑핑 돌 정도로 '몹시 바쁘다'라는 뜻입니다.

248

鼻 코 비 N3

訓 はな
鼻 코　鼻水 콧물　鼻くそ 코딱지　鼻血 코피
鼻声 콧소리

音 ビ
鼻炎 비염

눈과 코는 거리가 아주 가깝지요? 그래서 目と鼻の先라고 하면 '엎어지면 코 닿을 데'라는 뜻입니다.

249

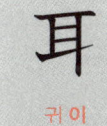

耳 귀 이 N5

訓 みみ
耳 귀　初耳 처음 들음, 금시초문

音 ジ
耳鼻科 이비인후과

일본어로 耳が早い는 '소문 등을 듣는 것이 빠르다', 小耳に挟む는 '언뜻 듣다'라는 뜻입니다.

250

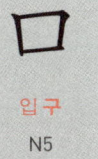

口 입 구 N5

訓 くち
口 입　口癖 입버릇　ため口 반말　口下手 말이 서투름
無口 말수가 적음　悪口 험담　早口 말이 빠름　口笛 휘파람
入口 입구

音 コウ　ク
人口 인구　口座 계좌　口調 어조, 말투

일본어로 口が滑る는 '무심코 말해버리다', 口に合う는 '입맛에 맞다'라는 뜻입니다.

251

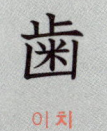

歯 이 치 N3 歯

訓 は
歯 이　歯医者 치과의사　虫歯 충치

音 シ
歯科 치과

252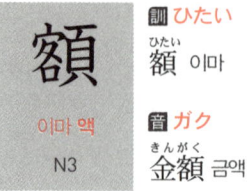

訓 ひたい
額 ひたい 이마

音 ガク
金額 きんがく 금액

이마 액
N3

일본에서 猫の額라는 말을 자주 쓰는데, 아주 좁은 장소를 뜻하는 말로 우리말의 '손바닥 만하다'와 비슷합니다.

일본어 필수 어휘 쓰기

01 머리 あたま
02 머리카락 かみのけ
03 얼굴 かお
04 목 くび
05 눈 め

06 코 はな
07 귀 みみ
08 입 くち
09 이 は
10 이마 ひたい

일본어 한자 읽기

01 頭痛
02 金髪
03 毛布
04 洗顔
05 自首

06 目標
07 耳鼻科
08 人口
09 歯科
10 金額

정답

일본어 필수 어휘 쓰기 1 頭 2 髪の毛 3 顔 4 首 5 目 6 鼻 7 耳 8 口 9 歯 10 額

일본어 한자 읽기 1 ずつう 2 きんぱつ 3 もうふ 4 せんがん 5 じしゅ 6 もくひょう 7 じびか 8 じんこう 9 しか 10 きんがく

16. 신체

253 体 | 몸 체 | N4 | 體

訓 からだ
体 몸

音 タイ　テイ
体温 체온　体重 체중　体調 몸의 상태, 컨디션
体力 체력　体験 체험　体操 체조　正体 정체

254 操 | 잡을 조 | N2

訓 あやつる　みさお
操る 조종하다, 부리다

音 ソウ
体操 체조　操作 조작

255 肌 | 살 기 | N2

訓 はだ
肌 피부, 살결　素肌 맨살

音

256 手 | 손 수 | N5

訓 て　た
手 손　手ぶら 빈손　手袋 장갑　手配 수배
手紙 편지　手続き 수속, 절차　手掛かり 단서, 실마리
手数料 수수료　手伝う 돕다　手放す 손에서 놓다, 손을 떼다　手当て 치료, 대비　勝手 제멋대로 굶　切手 우표
相手 상대　空手 가라데, 공수도　手品 마술　手口 수법
手分け 분담　人手 남의 도움, 일손　派手 화려함

音 シュ
手段 수단　拍手 박수　握手 악수　手術 수술
運転手 운전수

> 일본어로 手に付かない는 '(일 등이) 손에 잡히지 않는다'라는 뜻이고, 手が足りない는 '일손이 부족하다'라는 뜻입니다.

257

足

발 **족**

N5

訓 あし たりる たす

足 (あし) 발　足元 (あしもと) 발 밑, 발치　足跡 (あしあと) 발자국, 발자취
足 (た) りない 부족하다

音 ソク

遠足 (えんそく) 소풍　満足 (まんぞく) 만족

> '발'을 뜻하는 한자이지만 일본에서는 다리를 의미하기도 합니다. 넓은 의미로 '발걸음'을 뜻하기도 합니다.

258

脚

다리 **각**

N1

訓 あし

脚 (あし) 다리

音 キャク　キャ

脚本 (きゃくほん) 각본　美脚 (びきゃく) 예쁜 다리

259

腕

팔 **완**

N2

訓 うで

腕 (うで) 팔　腕前 (うでまえ) 솜씨, 기량　腕枕 (うでまくら) 팔베개

音 ワン

腕白 (わんぱく) 장난꾸러기, 개구쟁이　手腕 (しゅわん) 수완　腕力 (わんりょく) 완력

> 腕 (うで) が上 (あ) がる는 '솜씨 또는 기량이 늘다'라는 의미입니다.

260

肩

어깨 **견**

N2

訓 かた

肩 (かた) 어깨　肩書 (かたがき) 직함, 지위

音 ケン

肩章 (けんしょう) 견장

261

指

가리킬 **지**

N3

訓 ゆび さす

指 (ゆび) 손가락　指 (ゆび) きり (약속의 표시로) 새끼손가락 걸기
指輪 (ゆびわ) 반지　指 (さ) す 가리키다　目指 (めざ) す 목표로 하다, 겨냥하다

音 シ

指示 (しじ) 지시　指導 (しどう) 지도　指名 (しめい) 지명　指紋 (しもん) 지문

262

輪

바퀴 **륜**

N2

訓 わ

指輪 (ゆびわ) 반지

音 リン

車輪 (しゃりん) 수레바퀴　輪郭 (りんかく) 윤곽

263 **胸** 가슴 흉 N2
訓 むね　むな
胸(むね) 가슴
音 キョウ
度胸(どきょう) 배짱　胸部(きょうぶ) 흉부

264 **腹** 배 복 N2
訓 はら
腹(はら) 배　自腹(じばら) 자비, 자기 부담
音 フク
空腹(くうふく) 공복　腹筋(ふっきん) 복근

265 **筋** 힘줄 근 N1
訓 すじ
筋(すじ) 힘줄, 근육　粗筋(あらすじ) 줄거리, 개요
音 キン
筋肉(きんにく) 근육　腹筋(ふっきん) 복근　鉄筋(てっきん) 철근

266 **腰** 허리 요 N2
訓 こし
腰(こし) 허리　腰抜(こしぬ)け 겁쟁이　腰掛(こしか)ける 걸터앉다
音 ヨウ
腰痛(ようつう) 요통

267 등 배 N2
訓 せ　せい　そむく　そむける
背(せ) 키　背中(せなか) 등　背負(せお)う 짊어지다　背伸(せの)び 발돋움함
背(そむ)く 등지다, 어기다
音 ハイ
背景(はいけい) 배경

일본에서 背는 '키'를 의미하고 '등'을 뜻하는 단어는 背中(せなか)입니다. 참고로 '키가 크다'는 背(せ)が高い, '키가 작다'는 背(せ)が低い입니다.

268  뼈 골 N3
訓 ほね
骨(ほね) 뼈
音 コツ
骨折(こっせつ) 골절

우리나라의 '심쿵'이라는 말처럼 일본에는 胸(むね)キュン이라는 말이 있습니다. 이것은 '가슴이 뭉클해짐'이라는 뜻으로, 특히 이성과의 아련한 추억이 떠올랐을 때나 이성의 멋진 모습에 감동받았을 때 많이 씁니다.

腹(はら)が立(た)つ는 '화가 나다'라는 뜻으로, 비슷한 말로는 むかつく(화가 치밀다), 怒(おこ)る(화내다)가 있습니다.

269

피 혈
N3

訓 ち
血 피　鼻血 코피

音 ケツ
血液型 혈액형　血圧 혈압　血管 혈관　貧血 빈혈
充血 충혈

270

진 액
N2

訓

音 エキ
液体 액체　血液 혈액

271

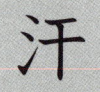

땀 한
N3

訓 あせ
汗 땀　汗水 땀

音 カン
発汗 발한, 땀이 남

272

벌거숭이 라
N1

訓 はだか
裸 알몸　裸足 맨발

音 ラ
裸体 나체　全裸 전라

일본어 필수 어휘 쓰기

01 몸 からだ
02 피부 はだ
03 손 て
04 발 あし
05 다리 あし
06 팔 うで
07 어깨 かた
08 반지 ゆびわ
09 가슴 むね
10 배 はら
11 허리 こし
12 등 せなか
13 뼈 ほね
14 피 ち
15 땀 あせ
16 알몸 はだか

일본어 한자 읽기

01 体操
02 手段
03 遠足
04 脚本
05 腕白
06 指示
07 度胸
08 空腹
09 筋肉
10 腰痛
11 背景
12 骨折
13 血液型

정답

일본어 필수 어휘 쓰기 1 体 2 肌 3 手 4 足 5 脚 6 腕 7 肩 8 指輪 9 胸 10 腹 11 腰 12 背中 13 骨 14 血 15 汗 16 裸

일본어 한자 읽기 1 たいそう 2 しゅだん 3 えんそく 4 きゃくほん 5 わんぱく 6 しじ 7 どきょう 8 くうふく 9 きんにく 10 ようつう 11 はいけい 12 こっせつ 13 けつえきがた

17. 기본동작

273

見 볼 견 N5

訓 みる　みえる　みせる
見る 보다　見つめる 응시하다, 주시하다
見つける 발견하다　見つかる 발견되다
見掛ける 눈에 띄다　見掛け 겉보습, 외관　見た目 외모
見事 훌륭함, 멋짐　見込み 전망, 가망　お見舞い 문병
お見合い 맞선　見苦しい 보기 흉하다, 볼꼴사납다
見守る 지켜보다　見習う 보고 배우다, 본받다

音 ケン
発見 발견　見物 구경　見当 짐작　意見 의견
見解 견해　見学 견학　偏見 편견

274

들을 문 N5

訓 きく　きこえる
聞く 듣다, 묻다　聞こえる 들리다　聞き取り 청취, 듣기

音 ブン　モン
新聞 신문　前代未聞 전대미문

문(門)을 통해서 들어가듯이 소리가 귀(耳)로 들어가는 것은 듣다(聞)라는 의미가 됩니다.

275

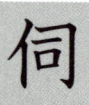
엿볼 사 N3

訓 うかがう
伺う '묻다, 듣다, 방문하다'의 겸사말

音 シ

276

대답할 답 N4

訓 こたえる
答え 대답, 답　答える 대답하다　口答え 말대답

音 トウ
解答 해답

277

읽을 독 N5　讀

訓 よむ
読む 읽다　読み方 읽는 법　訓読み 훈독　音読み 음독

音 ドク　トク　トウ
読書 독서

강연하는 연사가 말(言)을 팔려면(売) 많은 책을 읽어야(読) 한다는 의미입니다.

278 書 글 서 N5

訓 かく
書く 쓰다

音 ショ
書類 서류　辞書 사전　教科書 교과서　図書館 도서관
秘書 비서　書道 서예

279 먹을 식 N5

訓 たべる　くう
食べる 먹다　食べ物 먹을 것, 음식물　食う 먹다

音 ショク　ジキ
食事 식사　食品 식품　食卓 식탁　食器 식기

280 마실 음 N5 飮

訓 のむ
飲む 마시다　飲み物 마실 것, 음료수
飲み明かす 밤새 술 마시다

音 イン
飲食店 음식점

> 우리는 '약을 먹다'라고 말하지만 일본에서는 薬を飲む(약을 마시다)라고 표현합니다.

281 부를 소 N3

訓 めす
召し上がる 드시다

音 ショウ
召集 소집

282 吸 숨들이실 흡 N3

訓 すう
吸う (기체나 액체를) 들이마시다, 빨다

音 キュウ
吸収 흡수　人工呼吸 인공호흡

> '담배를 피우다'는 일본어로 タバコを吸う라고 합니다.

283 토할 토 N1

訓 はく
吐く 토하다, 뱉다　吐き出す 토해내다, 내뱉다
吐き気 구역질

音 ト

> 弱音を吐く는 '나약한 소리를 하다'라는 의미입니다.

284 **歩** 길음 보 N4

訓 あるく あゆむ
歩く 걷다　歩む 걷다(문어체)

音 ホ ブ フ
歩道 보도　散歩 산책　進歩 진보　一歩 한 걸음

> 회화체에서는 보통 歩く라고 하지만 노래 가사나 시에서는 歩む라는 말도 많이 씁니다.

285 **急** 급할 급 N4

訓 いそぐ
急ぐ 서두르다

音 キュウ
急に 갑자기　急用 급한 용무　緊急 긴급　特急 특급
急行 급행　大至急 매우 급함　救急車 구급차

286 **走** 달릴 주 N4

訓 はしる
走る 달리다

音 ソウ
走行 주행　脱走 탈주　暴走族 폭주족

287 **泳** 헤엄칠 영 N2

訓 およぐ
泳ぐ 헤엄치다

音 エイ
水泳 수영

> 泳ぐ(수영하다)와 潜る(잠수하다)는 유의어로 함께 외워두세요.

288 **潜** 자맥질할 잠 N1

訓 もぐる ひそむ
潜る 잠수하다　潜む 숨다, 잠재하다

音 セン
潜水 잠수　潜入 잠입　潜伏 잠복

289 **飛** 날 비 N3

訓 とぶ とばす
飛ぶ 날다　飛び出す 뛰어나오다　飛び込む 뛰어들다
飛ばす 날리다, 나는 듯이 달리다　飛び降りる 뛰어내리다

音 ヒ
飛行機 비행기

일본어 한자 암기비법 1200

290 **眺** 바라볼 조 N1
- 訓 ながめる
  - 眺める 지그시 보다, 응시하다
- 音 チョウ
  - 眺望 조망, 전망

291 **並** 아우를 병 N3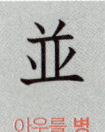
- 訓 ならぶ　ならべる　なみ
  - 並ぶ 줄을 서다, 나란히 서다　並べる 죽 늘어놓다
  - 並み 보통, 중간
- 音 ヘイ
  - 並行 병행

292 **転** 구를 전 N4
- 訓 ころがる　ころげる　ころがす　ころぶ
  - 転がる 구르다, 넘어지다　転ぶ 넘어지다
- 音 テン
  - 転校 전학　転職 전직, 이직　運転 운전　自転車 자전거
  - 回転 회전　逆転 역전　気分転換 기분전환
  - 転々とする 전전하다, 여기저기 옮겨다니다

293 **滑** 미끄러울 활 N1
- 訓 すべる　なめらか
  - 滑る 미끄러지다　滑らか 매끈매끈함, 순조로움
- 音 カツ
  - 円滑 원활함　潤滑油 윤활유　滑走路 활주로

> 滑る는 '미끄러지다'라는 의미뿐만 아니라, '(시험에) 떨어지다', '(말이) 헛나오다'라는 뜻도 있습니다.

일본어 필수 어휘 쓰기

01 보다 みる _____

02 듣다 きく _____

03 대답하다 こたえる _____

04 읽다 よむ _____

05 쓰다 かく _____

06 먹다 たべる _____

07 마시다 のむ _____

08 드시다 めしあがる _____

09 들이마시다 すう

10 토하다 はく

11 걷다 あるく

12 서두르다 いそぐ

13 달리다 はしる

14 헤엄치다 およぐ

15 잠수하다 もぐる

16 날다 とぶ

17 응시하다 ながめる

18 줄을 서다 ならぶ

19 넘어지다 ころぶ

20 미끄러지다 すべる

일본어 한자 읽기

01 見物

02 新聞

03 伺う

04 解答

05 読書

06 食事

07 人工呼吸

08 散歩

09 急に

10 脱走

11 水泳

12 潜水

13 飛行機

14 転校

15 円滑

정답

일본어 필수 어휘 쓰기 1 見る 2 聞く 3 答える 4 読む 5 書く 6 食べる 7 飲む 8 召し上がる 9 吸う 10 吐く 11 歩く 12 急ぐ 13 走る 14 泳ぐ 15 潜る 16 飛ぶ 17 眺める 18 並ぶ 19 転ぶ 20 滑る

일본어 한자 읽기 1 けんぶつ 2 しんぶん 3 うかがう 4 かいとう 5 どくしょ 6 しょくじ 7 じんこうこきゅう 8 さんぽ 9 きゅうに 10 だっそう 11 すいえい 12 せんすい 13 ひこうき 14 てんこう 15 えんかつ

18. 일상

294

起 일어날 기 N4

訓 おきる　おこる　おこす
起きる (자리에서) 일어나다, 발생하다
起こる 일어나다, 발생하다　起こす 일으키다, (잠을) 깨우다

音 キ
起立 기립　縁起 재수, 운수

295

寝 잠잘 침 N3 寝

訓 ねる　ねかす
寝る 잠자다　寝かす 누이다　寝坊 늦잠을 잠, 늦잠꾸러기
寝言 잠꼬대　寝癖 자고 일어난 머리, 잠버릇　昼寝 낮잠
寝ぼけ 잠이 덜 깨어 멍함

音 シン
寝室 침실

296

坊 동네 방 N2

訓

音 ボウ
朝寝坊 늦잠을 잠, 늦잠꾸러기　赤ん坊 아기
坊主 까까머리, 꼬마

297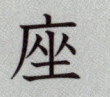

眠 잠잘 면 N3

訓 ねむい　ねむる
眠い 졸리다　眠る 잠들다　居眠り 앉아서 좀　眠気 졸음

音 ミン
睡眠 수면　不眠症 불면증　催眠 최면

유의어인 寝る(잠자다)와 眠る(잠들다)는 함께 알아두세요. '졸리다'는 眠い입니다.

298

座 자리 좌 N3

訓 すわる
座る 앉다

音 ザ
座席 좌석　座布団 방석　土下座 무릎을 꿇음
口座 계좌　銀座 긴자(지명)

299 席 자리 석 N3

訓 セキ
席 자리　出席 출석　欠席 결석　座席 좌석

300 立 설 립 N5

訓 たつ　たてる
立つ 서다　立ち上がる 일어서다　立入禁止 출입금지
立場 입장　目立つ 눈에 띄다

音 リツ　リュウ
独立 독립　国立 국립　立派 훌륭함, 어엿함　創立 창립
設立 설립

301 洗 씻을 세 N4

訓 あらう
洗う 씻다

音 セン
洗濯機 세탁기　洗剤 세제　洗脳 세뇌

> '나쁜 일에서 손을 떼다/씻다'는 일본어로 足を洗う(발을 씻다)라고 표현합니다.

302 濯 씻을 탁 N2

訓

音 タク
洗濯 세탁

303 浴 목욕할 욕 N2

訓 あびる　あびせる
浴びる 끼얹다, 샤워하다　*浴衣 여름철이나 목욕 후 입는 일본 전통 옷

音 ヨク
浴室 욕실　海水浴 해수욕

> 골짜기(谷)의 흐르는 물(氵)에서 몸을 씻는 대(浴)로 기억하면 됩니다. 참고로 '샤워하다'는 シャワーを浴びる, '목욕하다'는 お風呂に入る입니다.

304 磨 갈 마 N2

訓 みがく
磨く 닦다, 수련하다, 갈고 닦다

音 マ
研磨 연마

305 着 붙을 착 N4

訓 きる　きせる　つく　つける
着る (옷을) 입다　着物 기모노　着替え 옷을 갈아입음
下着 속옷　水着 수영복　着く 도착하다
たどり着く (우여곡절 끝에 겨우) 도착하다, 도달하다
落ち着く 안정되다

音 チャク　ジャク
着信音 수신음　到着 도착　決着 결판, 결말
着払い 착불　着実 착실함　執着 집착

306 履 신 리 N1

訓 はく
履く (신을) 신다

音 リ
履歴書 이력서

> 옷을 입을 때는 着る, 신발과 양말을 신을 때는 履く라고 하지만, 무엇이든 벗을 때는 脱ぐ라고 합니다.

307 脱 벗을 탈 N1

訓 ぬぐ　ぬげる
脱ぐ 벗다

音 ダツ
脱出 탈출　脱線 탈선　脱税 탈세

308 締 맺을 체 N1

訓 しめる　しまる
締める 매다, 졸라매다, 죄다, 잠그다　締め切り 마감
取締役 임원, 중역

音 テイ
締結 체결

309

開 열 개 — N4

訓 あける　あく　ひらく　ひらける
開ける 열다, (눈을) 뜨다　開く 열리다　開く (닫혔던 것이) 열리다, 벌어지다, 열다　開ける 열리다, 펼쳐지다

音 カイ
開発 개발　開店 개점　開放 개방　開催 개최
展開 전개　再開 재개　公開 공개

> '알리바바와 40인의 도둑'의 유명한 주문 "열려라 참깨"는 일본도 마찬가지로 開けゴマ!라고 합니다.

310

閉 닫을 폐 — N3

訓 とじる　とざす　しめる　しまる
閉じる 닫히다, 닫다　閉める (문을) 닫다
閉まる (문이) 닫히다

音 ヘイ
閉店時間 폐점시간

311

干 방패 간 — N2

訓 ほす　ひる
干す (빨래 등을) 걸어서 말리다

音 カン
干渉 간섭　若干 약간

> 洗濯物を干して乾かす(빨래를 널어서 말리다)라는 이 문장을 외워두면 관련 한자와 단어를 한번에 익힐 수 있습니다.

312

乾 하늘 건 — N2

訓 かわく　かわかす
乾く 마르다, 건조하다　乾かす 말리다

音 カン
乾杯 건배　乾燥 건조

313

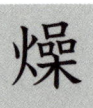

燥 마를 조 — N2

訓

音 ソウ
乾燥 건조

일본어 필수 어휘 쓰기

- 01 일어나다 おきる
- 02 잠자다 ねる
- 03 졸리다 ねむい
- 04 앉다 すわる
- 05 서다 たつ
- 06 씻다 あらう
- 07 샤워하다 あびる
- 08 닦다 みがく
- 09 입다 きる
- 10 신다 はく
- 11 벗다 ぬぐ
- 12 매다 しめる
- 13 열다 あける
- 14 닫다 しめる
- 15 말리다 ほす
- 16 마르다 かわく

일본어 한자 읽기

- 01 縁起
- 02 寝室
- 03 朝寝坊
- 04 睡眠
- 05 座布団
- 06 出席
- 07 立派
- 08 洗濯機
- 09 海水浴
- 10 着信音
- 11 履歴書
- 12 脱出
- 13 開発
- 14 閉店時間
- 15 干渉
- 16 乾燥

정답

일본어 필수 어휘 쓰기 1 起きる 2 寝る 3 眠い 4 座る 5 立つ 6 洗う 7 浴びる 8 磨く 9 着る 10 履く 11 脱ぐ 12 締める 13 開ける 14 閉める 15 干す 16 乾く

일본어 한자 읽기 1 えんぎ 2 しんしつ 3 あさねぼう 4 すいみん 5 ざぶとん 6 しゅっせき 7 りっぱ 8 せんたくき 9 かいすいよく 10 ちゃくしんおん 11 りれきしょ 12 だっしゅつ 13 かいはつ 14 へいてんじかん 15 かんしょう 16 かんそう

19. 행동

314 動 움직일 동 N4

訓 うごく　うごかす
動く 움직이다

音 ドウ
運動 운동　動物 동물　自動車 자동차　感動 감동
活動 활동　動揺 동요　動機 동기, 원인　行動 행동
動画 동영상

무게(重) 있는 물건을 힘(力)을 가해 움직인다(動)는 의미에서 나온 한자입니다.

315 触 닿을 촉 N2

訓 ふれる　さわる
触れる 닿다, 스치다　触れ合い 접촉, 서로 통함
触る 만지다, 건드리다

音 ショク
感触 감촉　触覚 촉각

316 投 던질 투 N3

訓 なげる
投げる 던지다　投げ出す 내던지다

音 トウ
投票 투표　投資 투자

손(扌)으로 창(殳)을 던지는 것에서 던지다(投)라는 의미가 되었습니다.

317 打 칠 타 N2

訓 うつ
打つ 치다　打ち合わせ 협의, 회의　打ち切り 중지, 중단

音 ダ
打者 타자

手を打つ는 '손을 쓰다, 조치를 취하다', 相槌を打つ는 '맞장구를 치다'라는 의미입니다.

318 踏 밟을 답 N1

訓 ふむ　ふまえる
踏む 밟다　踏み出す 내딛다

音 トウ
踏査 답사

319

殴

때릴 구
N1 殴

訓 なぐる
殴る (아프게) 때리다　殴り込み 쳐들어감

音 オウ
殴打 구타

320

刺

찌를 자
N2

訓 さす　ささる
刺す 찌르다　刺身 생선회

音 シ
刺激 자극　名刺 명함

321

突

갑자기 돌
N2 突

訓 つく
突く 찌르다　突っ込む 파고들다

音 トツ
突然 돌연, 갑자기　衝突 충돌

突くは 뾰족한 것으로 무엇을 찌를 때뿐만 아니라 '핵심을 찌르다', '허를 찌르다'와 같이 말할 때도 사용합니다.

322

握

쥘 악
N1

訓 にぎる
握る 쥐다　一握り 한줌

音 アク
握手 악수　把握 파악

손으로 쥐어서 만드는 '주먹밥' おにぎり는 보통 히라가나로 많이 적습니다.

323

絞

목맬 교
N1

訓 しぼる　しめる　しまる
絞る 짜다, 쥐어짜다　お絞り 물수건

音 コウ
絞首刑 교수형

324

抱

안을 포
N2 抱

訓 だく　いだく　かかえる
抱く 안다　抱きしめる 꼭 껴안다
抱える 안다, 감싸 쥐다, 맡다

音 ホウ
抱負 포부　介抱 간병, 돌봄　辛抱 인내

325

引 끌 인 N4

訓 ひく　ひける
引く 당기다, 끌다　引き出し 서랍, 인출
引きこもり 은둔형 외톨이　引っ張る 잡아당기다
引っ越し 이사　引き分け 무승부

音 イン
引退 은퇴　引用 인용　強引に 억지로

326

押 누를 압 N3

訓 おす　おさえる
押す 밀다, 누르다　押し入れ 벽장

音 オウ
押収 압수

327

掘 팔 굴 N2

訓 ほる　ほり
掘る 파다　掘り出し物 우연히 얻은 귀한 물건, 싸게 산 물건

音 クツ
発掘 발굴

몸을 구부려(屈) 손(手)으로 땅을 판다(掘)는 의미입니다. 掘る(파다)와 반의어인 埋める(묻다)는 함께 외워두세요.

328

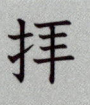

埋 묻을 매 N2

訓 うめる　うまる　うもれる
埋める 묻다, 메우다

音 マイ
埋蔵量 매장량　埋没 매몰

329

拜 절 배 N2　拜

訓 おがむ
拝む 절하다

音 ハイ
拝見 삼가 봄　拝啓 삼가 아룀(편지 머리에 씀)

330

癖 버릇 벽 N1

訓 くせ
癖 버릇　口癖 입버릇　酒癖 술버릇
寝癖 자고 일어난 머리, 잠버릇

音 ヘキ
潔癖 결벽

일본어 필수 어휘 쓰기

01 움직이다 うごく
02 만지다 さわる
03 던지다 なげる
04 치다 うつ
05 밟다 ふむ
06 때리다 なぐる
07 찌르다 さす
08 찌르다 つく
09 쥐다 にぎる
10 짜다 しぼる
11 안다 だく
12 당기다 ひく
13 밀다 おす
14 파다 ほる
15 묻다 うめる
16 절하다 おがむ
17 버릇 くせ

일본어 한자 읽기

01 運動
02 感触
03 投票
04 打者
05 刺激
06 突然
07 握手
08 介抱
09 引退
10 押収
11 拝見

> **정답**
>
> **일본어 필수 어휘 쓰기** 1 動く 2 触る 3 投げる 4 打つ 5 踏む 6 殴る 7 刺す 8 突く 9 握る 10 絞る 11 抱く 12 引く 13 押す 14 掘る 15 埋める 16 拝む 17 癖
>
> **일본어 한자 읽기** 1 うんどう 2 かんしょく 3 とうひょう 4 だしゃ 5 しげき 6 とつぜん 7 あくしゅ 8 かいほう 9 いんたい 10 おうしゅう 11 はいけん

20. 취급

331 使 — 부릴 사 — N4
- 訓 つかう
  - 使う 사용하다　使い捨て 1회용, 한 번 쓰고 버림
  - 使い方 사용법
- 音 シ
  - 使用 사용　使役 사역　天使 천사　使命 사명

332 遣 — 보낼 견 — N1
- 訓 つかう　つかわす
  - 言葉遣い 말씨　無駄遣い 낭비　小遣い 용돈
- 音 ケン
  - 派遣 파견

333 派 — 물갈래 파 — N1
- 訓
- 音 ハ
  - 派遣 파견　派手 화려함　立派 훌륭함, 어엿함

> 일본에서 派遣(파견)은 派遣社員(파견사원)의 준말로 쓰이기도 하는데, 우리나라의 계약직 직원과 비슷합니다.

334 取 — 취할 취 — N3
- 訓 とる
  - 取る 집다, 취하다, 잡다　受け取る 받다
  - 取り消す 취소하다　取り調べ 조사, 취조
  - 取り戻す 되찾다　取り込み 한창 바쁨
  - 取り扱い 취급　取引先 거래처　取締役 임원, 중역
- 音 シュ
  - 取材 취재

335 持 — 가질 지 — N4
- 訓 もつ
  - 持つ (손에) 들다, (몸에) 지니다　持ち主 소유자, 주인
  - 気持ち 기분, 느낌　金持ち 부자
- 音 ジ
  - 持久力 지구력

336 位 지리 위 N2
- 訓 くらい
  - 位(くらい) 지위
- 音 イ
  - 位置(いち) 위치　地位(ちい) 지위　順位(じゅんい) 순위

337 置 둘 치 N2
- 訓 おく
  - 置(お)く (물건을 어디에) 두다
- 音 チ
  - 位置(いち) 위치　設置(せっち) 설치　放置(ほうち) 방치

338 処 곳 처 N2 〔處〕
- 訓
- 音 ショ
  - 処分(しょぶん) 처분　処理(しょり) 처리　処置(しょち) 처치　処女(しょじょ) 처녀　処罰(しょばつ) 처벌

339 落 떨어질 락 N2
- 訓 おちる　おとす
  - 落(お)ちる 떨어지다　落(お)とす 떨어뜨리다　落(お)ち着(つ)く 안정되다
  - 落(お)ち込(こ)む 의기소침하다　駆(か)け落(お)ち 사랑의 도피
- 音 ラク
  - 落書(らくが)き 낙서　落語(らくご) 만담　転落(てんらく) 전락　堕落(だらく) 타락

340 拾 주울 습 N2
- 訓 ひろう
  - 拾(ひろ)う 줍다
- 音 シュウ
  - 拾得(しゅうとく) 습득

拾う(줍다)는 落とす(떨어뜨리다)의 반의어도 되고, 捨てる(버리다)의 반의어도 됩니다. 함께 알아두세요.

341 捨 버릴 사 N3
- 訓 すてる
  - 捨(す)てる 버리다　投(な)げ捨(す)てる 내버리다, 내던지다
  - 呼(よ)び捨(す)て 경칭 없이 이름만 부름　使(つか)い捨(す)て 1회용
- 音 シャ
  - 四捨五入(ししゃごにゅう) 반올림

342

荷 멜 하 N3

訓 に
荷物(にもつ) 짐

音 カ
出荷(しゅっか) 출하

343

物 물건 물 N4

訓 もの
買(か)い物(もの) 쇼핑, 장보기, 장본 물건　忘(わす)れ物(もの) 잃어버린 물건
本物(ほんもの) 진짜, 진품　偽物(にせもの) 가짜, 위조품　果物(くだもの) 과일　物語(ものがたり) 이야기

音 ブツ　モツ
動物(どうぶつ) 동물　植物(しょくぶつ) 식물　生物(せいぶつ) 생물　人物(じんぶつ) 인물
物理(ぶつり) 물리　見物(けんぶつ) 구경　物価(ぶっか) 물가　物体(ぶったい) 물체　荷物(にもつ) 짐

344

貨 재물 화 N2

訓

音 カ
貨物(かもつ) 화물　通貨(つうか) 통화

돈을 의미하는 조개(貝) 껍질은 여러 가지 물건으로 바꿀(化) 수 있다는 것에서 재물을 뜻하게 되었습니다.

345

宝 보배 보 N2 寶

訓 たから
宝物(たからもの) 보물　宝(たから)くじ 복권

音 ホウ
宝石(ほうせき) 보석

집(宀) 안에 있는 옥구슬(玉)이니 보물, 보배(宝)라는 의미가 됩니다.

346

預 미리 예 N3

訓 あずける　あずかる
預(あず)ける 맡기다, 보관시키다　預(あず)かる 맡다, 보관하다

音 ヨ
預金(よきん) 예금

347

届 이를 계 N3 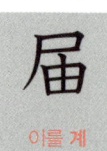届

訓 とどく　とどける
届(とど)く 도달하다　届(とど)ける 전하다, 전달하다　届(とど)け 신고, 신고서

音

348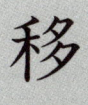
움길 이
N3

訓 うつる　うつす
移る (~로) 옮기다, 이동하다　移す (~을) 옮기다

音 イ
移動 이동　移植 이식

349
움직일 운
N4 運

訓 はこぶ
運ぶ 나르다, 운반하다

音 ウン
運 운, 운수　運命 운명　運動 운동　運転 운전

병사(軍)들이 전차를 끌고 걸어가는(辶:쉬엄쉬엄 갈 착) 모습에서 나르다(運)는 의미가 되었습니다. 運を天に任せる는 '하늘에 운을 맡긴다'라는 뜻입니다.

350
건널 도
N3

訓 わたる　わたす
渡る 건너다　渡す 건네다, 넘기다

音 ト
渡航 도항, 바다 건너 외국에 감

물(水)을 건넌다(度)는 의미에서 건너다(渡)가 되었습니다.

351
짝 배
N3

訓 くばる
配る 나누어 주다　気配り 배려

音 ハイ
配達 배달　気配 기척　手配 수배　心配 걱정, 염려
配慮 배려

352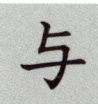
더불 여
N2 與

訓 あたえる
与える 주다, 끼치다, 가하다

音 ヨ
与党 여당　給与 급여

353
정수리 정
N2

訓 いただく　いただき
頂く 받들다, '받다, 먹다, 마시다'의 겸사말

音 チョウ
頂上 정상

일본에서 식사 전에 하는 말 いただきます가 바로 이 글자랍니다. 보통 히라가나로 적습니다.

354 借 빌릴 차 N4
- 訓 かりる
  - 借りる 빌리다　借り 빚　前借り 가불
- 音 シャク
  - 借金 빚

355 貸 빌릴 대 N4
- 訓 かす
  - 貸す 빌려주다
- 音 タイ
  - 賃貸 임대

借りる(빌리다), 貸す(빌려주다), 返す(돌려주다)는 헷갈리기 쉬운 말들이니 함께 외워두세요.

356 返 돌아올 반 N3
- 訓 かえす　かえる
  - 返す 돌려주다　見返す 앙갚음으로 성공해 보이다
  - 繰り返す 반복하다　ひっくり返す 뒤집다, 뒤엎다
  - お返し 답례, 거스름돈, 보복　取り返し 돌이킴, 만회
  - 仕返し 복수
- 音 ヘン
  - 返事 대답, 답장　返品 반품, 환불　返却 반납

갔다가(辶) 돌아가니(反) 돌아오다(返)라는 의미가 됩니다.

일본어 필수 어휘 쓰기

01 사용하다 つかう
02 용돈 こづかい
03 집다 とる
04 지니다 もつ
05 두다 おく
06 떨어지다 おちる
07 줍다 ひろう
08 버리다 すてる
09 짐 にもつ
10 복권 たからくじ
11 맡기다 あずける
12 도달하다 とどく
13 이동하다 うつる
14 나르다 はこぶ

15	건네다 わたす		19	빌리다 かりる
16	나누어 주다 くばる		20	빌려주다 かす
17	끼치다 あたえる		21	돌려주다 かえす
18	받들다 いただく			

일본어 한자 읽기

01	使用		12	宝石
02	派遣		13	預金
03	取材		14	移動
04	持久力		15	運転
05	位置		16	気配
06	処分		17	与党
07	落書き		18	頂上
08	四捨五入		19	借金
09	出荷		20	賃貸
10	動物		21	返事
11	貨物			

정답

일본어 필수 어휘 쓰기 1 使う 2 小遣い 3 取る 4 持つ 5 置く 6 落ちる 7 拾う 8 捨てる 9 荷物 10 宝くじ 11 預ける 12 届ける 13 移る 14 運ぶ 15 渡す 16 配る 17 与える 18 頂く 19 借りる 20 貸す 21 返す

일본어 한자 읽기 1 しよう 2 はけん 3 しゅざい 4 じきゅうりょく 5 いち 6 しょぶん 7 らくがき 8 ししゃごにゅう 9 しゅっか 10 どうぶつ 11 かもつ 12 ほうせき 13 よきん 14 いどう 15 うんてん 16 けはい 17 よとう 18 ちょうじょう 19 しゃっきん 20 ちんたい 21 へんじ

PART 02

일본어 한자 터잡기

21. 말

357 言 — 말씀 언 — N5

訓 いう　こと
言う 말하다　言い訳 변명　言いつける 일러바치다
言い掛かり 트집　言葉 말　一言 한마디
寝言 잠꼬대

音 ゲン　ゴン
発言 발언　宣言 선언　伝言 전언, 전할 말　遺言 유언

358 葉 — 잎 엽 — N3

訓 は
葉 잎　葉っぱ 잎　葉書 엽서　言葉 말　千葉 치바(지명)

音 ヨウ
紅葉 단풍이 듦, 단풍

359 訳 — 통변할 역 — N1　譯

訓 わけ
訳 이유, 사연　言い訳 변명

音 ヤク
通訳 통역　訳する 번역하다

360 話 — 말씀 화 — N5

訓 はなす
話す 이야기하다　話 이야기　自慢話 자랑 이야기

音 ワ
話題 화제　電話 전화　世話 보살핌, 신세　会話 회화

혀(舌)로 말하니(言) 이야기, 말하다(話)라는 의미가 됩니다.

361 伝 — 전할 전 — N3　傳

訓 つたわる　つたえる　つたう
伝わる (말이나 마음이) 전해지다　伝える 전하다
手伝う 돕다

音 デン
伝言 전언, 전할 말　伝説 전설　伝統 전통　宣伝 선전

362 統 거느릴 통 N1

訓
音 トウ
伝統 전통 統一 통일 統計 통계 大統領 대통령

363 黙 잠잠할 묵 N1

訓 だまる
黙る 입 다물다

音 モク
沈黙 침묵

> 깜깜한(黒) 밤에 다니는 사람이 없으니 개(犬)가 잠잠하다(黙)라는 의미입니다.

364 騒 떠들 소 N1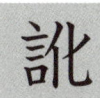

訓 さわぐ
騒ぐ 떠들다 騒がしい 소란스럽다, 떠들썩하다
騒ぎ 소란, 소동

音 ソウ
騒音 소음

> 말(馬)이 벼룩(蚤)한테 물려 가려워 날뛰고 소란스럽다(騒)는 의미입니다.

365 訛 그릇될 와 N1

訓 なまり
訛り 사투리 訛る 사투리를 쓰다

音 カ

366 英 꽃부리 영 N4

訓
音 エイ
英語 영어 英会話 영어회화 英雄 영웅

367 語 말씀 어 N5

訓 かたる
語る 이야기하다

音 ゴ
国語 국어 外国語 외국어 語学 어학 落語 만담

368 敬 공경할 경 N2

訓 うやまう
- 敬(うやま)う 존경하다, 숭배하다

音 ケイ
- 敬語(けいご) 경어 尊敬(そんけい) 존경

369 尊 높을 존 N2

訓 とうとい　とうとぶ
- 尊(とうと)ぶ 존중하다

音 ソン
- 尊敬(そんけい) 존경 尊重(そんちょう) 존중

370 発 쏠 발 N4

訓

音 ハツ　ホツ
- 発音(はつおん) 발음 発売(はつばい) 발매 爆発(ばくはつ) 폭발 発言(はつげん) 발언
- 出発(しゅっぱつ) 출발 反発(はんぱつ) 반발 発表(はっぴょう) 발표 発見(はっけん) 발견
- 発注(はっちゅう) 발주 発揮(はっき) 발휘 蒸発(じょうはつ) 증발 告発(こくはつ) 고발
- 発展(はってん) 발전 発想(はっそう) 발상 発明(はつめい) 발명 発作(ほっさ) 발작

371 音 소리 음 N4

訓 おと　ね
- 音(おと) 소리 本音(ほんね) 본심, 속마음 弱音(よわね) 나약한 소리

音 オン　イン
- 音楽(おんがく) 음악 発音(はつおん) 발음 録音(ろくおん) 녹음 音痴(おんち) 음치

음정과 박자를 맞추지 못하는 사람을 뜻하는 音痴(おんち)가 일본에서는 좀 더 다양하게 사용됩니다. 예를 들어 方向音痴(ほうこうおんち)는 '방향치(길치)', 運動音痴(うんどうおんち)는 '운동치(운동감각이 둔한 사람)', 機械音痴(きかいおんち)는 '기계치'랍니다.

372 声 소리 성 N4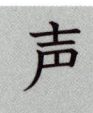

訓 こえ　こわ
- 声(こえ) 목소리 大声(おおごえ) 큰 목소리

音 セイ　ショウ
- 声優(せいゆう) 성우 発声(はっせい) 발성

373
납 신
N3

訓 もうす
申す '말하다'의 겸사말　申し込む 신청하다
申し訳ない 면목없다

音 シン
申告 신고　申請書 신청서

374 叫
부르짖을 규
N2

訓 さけぶ
叫ぶ 외치다

音 キョウ
絶叫 절규

375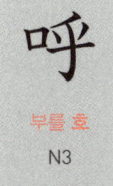
부를 호
N3

訓 よぶ
呼ぶ 부르다　呼び捨て 경칭 없이 이름만 부름
呼び出し 호출

音 コ
呼吸 호흡

376 招
부를 초
N2

訓 まねく
招く 손짓하여 부르다, 초대하다　招き猫 마네키네코(손님이나 재물을 부르는 고양이 인형)

音 ショウ
招待 초대

일본의 가게에서 많이 볼 수 있는 장식물 마네키네코(招き猫)에 바로 이 한자를 씁니다. 왼손을 든 고양이는 손님을 부르고, 오른손은 든 고양이는 돈을 부른다고 합니다.

377 相
서로 상
N3

訓 あい
相手 상대　相変わらず 변함없이, 여전히　相性 궁합
相づち 맞장구

音 ソウ　ショウ
相談 상담　相当 상당함, 제법　様相 양상, 기미　首相 수상
*相撲 스모

'(상대방의 말에) 맞장구를 치다'라고 할 때는 相づちを打つ라고 합니다.

378	談 말씀 담 N2	訓 — 音 ダン 相談 상담 冗談 농담 会談 회담
379	質 바탕 질 N4	訓 — 音 シツ シチ チ 質問 질문 性質 성질 本質 본질 物質 물질 体質 체질 人質 인질
380	問 물을 문 N4	訓 とう とん 問い合わせ 문의 問い詰める 캐묻다, 추궁하다 音 モン 問題 문제 質問 질문 疑問 의문
381	尋 찾을 심 N1	訓 たずねる 尋ねる 묻다, 찾다 音 ジン 尋問 심문
382	述 펼 술 N2 述	訓 のべる 述べる 말하다, 서술하다 音 ジュツ 記述 기술

일본어 필수 어휘 쓰기

01 말하다 いう _____

02 말 ことば _____

03 변명　いいわけ
04 이야기하다　はなす
05 전하다　つたえる
06 입 다물다　だまる
07 떠들다　さわぐ
08 사투리　なまり
09 소리　おと
10 목소리　こえ

11 신청하다　もうしこむ
12 외치다　さけぶ
13 부르다　よぶ
14 초대하다　まねく
15 여전히　あいかわらず
16 문의　といあわせ
17 묻다　たずねる
18 서술하다　のべる

일본어 한자 읽기

01 伝言
02 通訳
03 世話
04 伝統
05 騒音
06 英語
07 尊敬
08 発音

09 声優
10 申告
11 呼吸
12 招待
13 相談
14 質問
15 記述

정답

일본어 필수 어휘 쓰기 1 言う　2 言葉　3 言い訳　4 話す　5 伝える　6 黙る　7 騒ぐ　8 訛り　9 音　10 声　11 申し込む　12 叫ぶ　13 呼ぶ　14 招く　15 相変わらず　16 問い合わせ　17 尋ねる　18 述べる

일본어 한자 읽기 1 でんごん　2 つうやく　3 せわ　4 でんとう　5 そうおん　6 えいご　7 そんけい　8 はつおん　9 せいゆう　10 しんこく　11 こきゅう　12 しょうたい　13 そうだん　14 しつもん　15 きじゅつ

22. 이동

383 行 — 다닐 행 — N5

訓 いく　ゆく　おこなう
- 行く 가다
- 行方不明 행방불명
- 行う 행하다, 실시하다
- 行きつけ 단골(가게)

音 コウ　ギョウ
- 行動 행동
- 行為 행위
- 実行 실행
- 平行 평행
- 旅行 여행
- 銀行 은행
- 親孝行 효도
- 尾行 미행
- 行列 행렬

384 流 — 흐를 류 — N3

訓 ながれる　ながす
- 流れる 흐르다, 떠내려가다
- 流れ星 유성, 별똥별
- 流す 흘리다, 띄워 보내다

音 リュウ
- 流行 유행
- 一流 일류
- 三流 삼류
- 交流 교류

> 水に流す는 '지나간 일은 없었던 것으로 하다'라는 뜻인데, 좋지 않았던 지난 일은 이제 잊어버리고 탓하지 말자고 할 때 사용합니다.

385 来 — 올 래 — N5

訓 くる　きたる　きたす
- 来る 오다

音 ライ
- 来週 다음 주
- 未来 미래
- 将来 장래
- 本来 본래, 원래
- 来日 일본으로 옴

> 来가 들어가는 관용표현 중에 頭に来る라는 말이 있는데, 이것은 '(매우 불쾌하여) 화가난다, 기분 나빠지다'라는 뜻입니다.

386 連 — 이을 련 — N3

訓 つれる　つらなる　つらねる
- 連れて行く 데리고 가다
- 連れて来る 데리고 오다
- 連れ 동행, 동반자

音 レン
- 連絡 연락
- 連続 연속
- 連中 일당, 녀석들
- 常連 단골 손님
- 連想 연상

> 連れる는 단독으로 사용되기 보다는 行く, 来る를 붙여 連れて行く(데리고 가다), 連れて来る(데리고 오다)와 같이 사용됩니다.

387 絡 — 이을 락 — N3

訓 からむ　からまる
- 絡む 얽히다, 관계를 가지다

音 ラク
- 連絡 연락

388

돌아갈 귀
N4 歸

訓 かえる かえす
帰る 돌아가다　お帰り 어서 와　日帰り 당일치기

音 キ
帰宅 귀가　復帰 복귀　帰国子女 외국에서 살다 온 아이

帰る와 戻る는 둘 다 '돌아가다'라는 뜻입니다. 帰る는 자기 집, 고향, 자기 나라로 돌아간다고 할 때 사용하고, 戻る는 그 전에 있던 장소로 돌아가거나 원래의 상태로 돌아가는 것을 나타냅니다. 예를 들어 에어컨을 끄면 다시 더웠던 그 이전 상태로 돌아간다거나, 외근 나왔다가 회사로 돌아간다고 할 때는 戻る를 사용합니다.

389

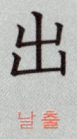

어그러질 려
N3

訓 もどる もどす
戻る 되돌아가다　戻す 되돌리다　取り戻す 되찾다

音 レイ

390

出

날 출
N5

訓 でる だす
出る 나가다, 나타나다　出掛ける 나서다, 외출하다
出口 출구　出会い 만남　出前 요리 배달
出番 나갈 차례　出す 내다, 꺼내다, 내밀다

音 シュツ スイ
外出 외출　輸出 수출　出身 출신　出世 출세
出発 출발　出張 출장　出版社 출판사　出演 출연
出席 출석　出産 출산　提出 제출

391

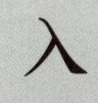

들 입
N5

訓 いる いれる はいる
入る 들어가다　入れる 넣다, 들이다　入り口 입구
気に入る 마음에 들다　入れ墨 문신

音 ニュウ
入学 입학　輸入 수입　記入 기입　購入 구입
導入 도입

耳に入る는 '(이야기, 소리, 소문 등이) 귀에 들어오다'라는 뜻이고, 目に入る는 '눈에 들어오다, 보이다, 알아차리다'라는 뜻입니다.

392

이를 도
N2

訓

音 トウ
到着 도착　到達 도달　殺到 쇄도

111

393 迎 맞이할 영 N2

訓 むかえる
迎える 맞다, 맞이하다

音 ゲイ
歓迎会 환영회　大歓迎 대환영

394 送 보낼 송 N4

訓 おくる
送る 보내다, 부치다, 배웅하다　見送り 배웅, 전송

音 ソウ
送別会 송별회　放送 방송　発送 발송　送金 송금

> おくる는 의미가 아주 다양합니다. '(짐을) 부치다', '(돈을) 보내다', '배웅하다', '데려다 주다', '떠나 보내다' 등 실생활에서 많이 사용하니 잘 알아두세요.

395 贈 더할 증 N2

訓 おくる
贈る 내리다, 선사하다　贈り物 선물

音 ゾウ
寄贈 기증　贈与 증여

396 交 사귈 교 N3

訓 まじわる　まじえる　まざる　まじる　まぜる　かわす
交じる (남들과) 섞이다

音 コウ
交通 교통　交換 교환　交代 교대　交際 교제
交番 파출소　交差点 교차로　絶交 절교　交渉 교섭

397 通 통할 통 N4

訓 とおる　とおす　かよう
通る 지나다, 통과하다　通り 길, 한길　通う (정기적으로) 다니다

音 ツウ
通じる 통하다　通訳 통역　普通 보통　共通 공통
通用 통용　通過 통과　通信 통신

398 普 널리 보 N3

訓

音 フ
普通 보통　普段 평소　普及 보급

399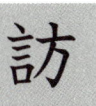
부칠 기 N2

訓 よる　よせる
寄る 들르다　立ち寄る 들르다　寄り道 가는 길에 들름
年寄り 노인

音 キ
寄付 기부　寄生虫 기생충

400
찾을 방 N2

訓 おとずれる　たずねる
訪れる 찾아오다(문어체)　訪ねる 찾아오다, 방문하다

音 ホウ
訪問 방문

401
배 댈 박 N3

訓 とまる　とめる
泊まる 묵다, 숙박하다　泊める 재우다, 묵게 하다

音 ハク
１泊２日 1박2일　宿泊 숙박

402
오를 등 N3

訓 のぼる
登る (산에) 오르다

音 トウ・ト
登録 등록　登場 등장　登校 등교　登山 등산

403 昇
오를 승 N2

訓 のぼる
昇る (해, 달이) 뜨다, 올라가다

音 ショウ
上昇 상승　昇進 승진

발음은 같지만 '(산이나 나무에) 오르다'처럼 자력으로 높은 곳에 오를 때는 登る를 쓰고, '높이 올라가다', '(지위가) 오르다', '(해와 달이) 뜨다'라고 할 때는 昇る를 씁니다.

일본어 필수 어휘 쓰기

01 가다 いく
02 흐르다 ながれる
03 오다 くる
04 데리고 가다 てれていく

05 얽히다 からむ

06 돌아가다 かえる

07 되돌아가다 もどる

08 나가다 でる

09 들어가다 はいる

10 맞이하다 むかえる

11 보내다 おくる

12 선사하다 おくる

13 (남들과) 섞이다 まじる

14 다니다 かよう

15 들르다 よる

16 방문하다 たずねる

17 묵다 とまる

18 (산을) 오르다 のぼる

19 (해가) 뜨다 のぼる

일본어 한자 읽기

01 流行

02 来週

03 連絡

04 帰国子女

05 出身

06 入学

07 到着

08 歓迎会

09 送信

10 交通

11 普通

12 寄生虫

13 訪問

14 １泊２日

15 登録

16 昇進

정답

일본어 필수 어휘 쓰기 1 行く 2 流れる 3 来る 4 連れて行く 5 絡む 6 帰る 7 戻る 8 出る 9 入る 10 迎える 11 送る 12 贈る 13 交じる 14 通う 15 寄る 16 訪ねる 17 泊まる 18 登る 19 昇る

일본어 한자 읽기 1 りゅうこう 2 らいしゅう 3 れんらく 4 きこくしじょ 5 しゅっしん 6 にゅうがく 7 とうちゃく 8 かんげいかい 9 そうしん 10 こうつう 11 ふつう 12 きせいちゅう 13 ほうもん 14 いっぱくふつか 15 とうろく 16 しょうしん

23. 교통

404
電 번개 전 N5
訓
音 デン
でんしゃ 電車 전철　でんわ 電話 전화　でんき 電気 전기　でんぱ 電波 전파
でんち 電池 전지　ていでん 停電 정전　しゅうでん 終電 막차, 마지막 전철

405
車 수레 차 N5
訓 くるま
くるま 車 차　くるまいす 車椅子 휠체어
音 シャ
じどうしゃ 自動車 자동차　ちゅうしゃじょう 駐車場 주차장　じてんしゃ 自転車 자전거

406
駐 머무를 주 N3
訓
音 チュウ
ちゅうしゃ 駐車 주차　ちゅうざい 駐在 주재

407
停 머무를 정 N3
訓
音 テイ
ていし 停止 정지　ていしゃ 停車 정차　バスてい バス停 버스 정류장　ていでん 停電 정전

사람(人)이 정자(亭)에서 머무른다(停)는 의미에서 생겼습니다.

408
船 배 선 N3 舟
訓 ふね　ふな
ふね 船 배　ふなびん 船便 배편
音 セン
せんぱく 船舶 선박　せんちょう 船長 선장　うちゅうせん 宇宙船 우주선　ふうせん 風船 풍선

일반적으로 배는 대부분 船라고 쓰는데, 노를 저어서 가는 아주 작은 배는 舟라고 씁니다.

409
舟 배 주 N2
訓 ふね　ふな
ふね 舟 (작은) 배
音 シュウ

410 坂 비탈 판 N2
訓 さか
坂道 비탈길, 고갯길　上り坂 오르막길　下り坂 내리막길
音

411 道 길 도 N5 道
訓 みち
道 길
音 ドウ
道路 도로　道中 도중　道具 도구　茶道 차도
剣道 검도　弓道 궁도　柔道 유도　書道 서예

> 사람(首 머리 수)이 왔다갔다(辶)하는 곳이니 길(道)을 의미합니다.

412 路 길 로 N3
訓 じ
旅路 여로, 여행길
音 ロ
道路 도로　進路 진로　路線 노선　線路 선로

413 線 줄 선 N3
訓
音 セン
視線 시선　新幹線 신칸센　平行線 평행선　直線 직선

414 航 배 항 N2
訓
音 コウ
航空 항공　航路 항로　航海 항해

415 地 땅 지 N4
訓
音 チ ジ
地下 지하　地図 지도　地球 지구　地方 지방, 지역
地味 수수함　地元 그 지방, 자신이 살고 있는 지역　地獄 지옥
意地 고집, 오기　地震 지진　生地 옷감, 천, 원단

416 図

그림 도
N4 圖

訓 はかる　なん
図る 꾀하다, 기도하다

音 ズ　ト
地図 지도　合図 신호　図書館 도서관

417 球

공 구
N3

訓 たま
球 공, 전구

音 キュウ
地球 지구　野球 야구　球技 구기(종목)

418 鉄

쇠 철
N3 鐵

訓

音 テツ
鉄 철　鉄棒 철봉　地下鉄 지하철　私鉄 사철
鉄道 철도　鉄砲 총, 소총　無鉄砲 막무가내(무데뽀), 무모함

419 駅

정거장 역
N5 驛

訓

音 エキ
駅 역　駅員 역무원　銀座駅 긴자역　渋谷駅 시부야역

420 乗

탈 승
N4 乘

訓 のる　のせる
乗る (탈것에) 타다　乗り換え 환승
乗り越える 극복하다, 헤쳐나가다

音 ジョウ
乗客 승객　乗車券 승차권

421 載

실을 재
N1

訓 のせる　のる
載せる ~위에 놓다, (신문 등에) 싣다, 게재하다
載る ~위에 놓이다, (글이) 실리다, 게재되다

音 サイ
掲載 게재　記載 기재　連載 연재

> 발음은 같지만 乗る는 '(탈것에) 타다'라는 뜻이고, 載る는 '~위에 놓이다', '(글이) 실리다, 게재되다'라는 뜻입니다.

422 降 내릴 강 N3

訓 おりる　おろす　ふる
降りる (탈것에서) 내리다　降る (비, 눈 등이) 내리다

音 コウ
下降 하강　降水量 강수량

높은 곳(阝:언덕 부)에서 낮은 곳으로 내려온다(夅:내릴 강)라는 의미입니다.

일본어 필수 어휘 쓰기

01 차　くるま
02 배　ふね
03 (작은) 배　ふね
04 비탈길　さかみち

05 공　たま
06 타다　のる
07 게재되다　のる
08 내리다　おりる

일본어 한자 읽기

01 電車
02 駐車
03 停止
04 船長
05 道路
06 新幹線
07 航空

08 地図
09 野球
10 地下鉄
11 駅員
12 乗客
13 連載
14 降水量

정답
일본어 필수 어휘 쓰기　1 車　2 船　3 舟　4 坂道　5 球　6 乗る　7 載る　8 降りる
일본어 한자 읽기　1 でんしゃ　2 ちゅうしゃ　3 ていし　4 せんちょう　5 どうろ　6 しんかんせん
7 こうくう　8 ちず　9 やきゅう　10 ちかてつ　11 えきいん　12 じょうきゃく　13 れんさい
14 こうすいりょう

24. 국가

423 国
나라 국
N5

훈 くに
くに
国 나라

음 コク
こくみん　　　　こくせき　　　　がいこくじん　　　こくさい
国民 국민　国籍 국적　外国人 외국인　国際 국제
こくご　　　てんごく　　　かんこく　　　ちゅうごく
国語 국어　天国 천국　韓国 한국　中国 중국
せんしんこく　　　こっか　　　こっかい　　　こっきょう
先進国 선진국　国家 국가　国会 국회　国境 국경

424 民
백성 민
N4

훈 たみ
たみ
民 국민

음 ミン
みんぞく　　　みんしゅしゅぎ　　　　こくみん　　　しみん
民族 민족　民主主義 민주주의　国民 국민　市民 시민
しょみん　　　いみん
庶民 서민　移民 이민

425 歴
지낼 력
N2

훈

음 レキ
れきし　　　がくれき　　　けいれき　　　りれきしょ
歴史 역사　学歴 학력　経歴 경력　履歴書 이력서

426 史
역사 사
N2

훈

음 シ
れきし　　　せかいし
歴史 역사　世界史 세계사

427 政
정사 정
N3

훈 まつりごと
まつりごと
政 정사

음 セイ　ショウ
せいじ　　　せいふ　　　せいとう　　　せいさく
政治 정치　政府 정부　政党 정당　政策 정책
かせいふ
家政婦 가정부

잘못된 것은 매로 때려서(攵) 바른(正) 행동을 하도록 다스린다는 의미에서 생긴 한자입니다.

428 党
무리 당 N2 [黨]
訓
音 トウ
政党 정당　与党 여당　野党 야당　民主党 민주당
自民党 자민당

429 官
벼슬 관 N2
訓
音 カン
官僚 관료　官庁 관청　外交官 외교관　裁判官 재판관

> 우리나라도 그렇지만 일본도 관청이나 기업 같은 조직에는 官僚主義(관료주의)가 심하다고 합니다.

430 税
세금 세 N3 [税]
訓
音 ゼイ
税金 세금　消費税 소비세　関税 관세　脱税 탈세

> 일본에서는 어떤 물건을 구입하든 정가에 별도의 消費税(소비세를 지불하기 때문에 잔돈을 미리 준비하면 편리합니다.

431 法
법 법 N3
訓
音 ホウ
法律 법률　方法 방법　文法 문법　司法 사법
寸法 치수

432 律
법칙 률 N2
訓
音 リツ
法律 법률　規律 규율

433 司
맡을 사 N2
訓 つかさどる
音 シ
司法試験 사법시험　司会者 사회자　上司 상사

434 王

임금 왕 · N2
訓
音 オウ
王様おうさま 왕, 임금님 女王じょおう 여왕 王子様おうじさま 왕자님

435 様

모양 양 · N3 (樣)
訓 さま
お客様きゃくさま 손님 ヨン様さま 욘사마 様々さまざま 여러 가지, 가지각색
音 ヨウ
様子ようす 상태, 상황 様相ようそう 양상, 기미 水玉模様みずたまもよう 물방울 모양

> 様子を見る는 '상황을 보다, 동정을 살피다'라는 뜻으로 일상에서 많이 사용됩니다.

436 神

귀신 신 · N3 (神)
訓 かみ
神様かみさま 하느님 神風かみかぜ 2차대전 일본 해군 특공대
音 シン　ジン
神経しんけい 신경 精神せいしん 정신 神秘しんぴ 신비 神社じんじゃ 신사

437 殿

전각 전 · N2
訓 との
〜殿との 〜님 殿様とのさま 영주, 귀인에 대한 존칭
音 デン
神殿しんでん 신전

438 臣

신하 신 · N2
訓
音 シン　ジン
臣下しんか 신하 総理大臣そうりだいじん 총리대신

439 規

법 규 · N2
訓
音 キ
規則きそく 규칙 規制きせい 규제 規定きてい 규정 規格きかく 규격 定規じょうぎ 자

440 **則** 訓 / 법칙 칙 / N2 / 音 ソク
規則 규칙　原則 원칙　反則 반칙

441 **諸** 訓 / 모두 제 / N2 諸 / 音 ショ
諸問題 제 문제　諸外国 제 외국

일본어 한자 읽기

01 国民　　　　　　　　　　08 王様
02 歴史　　　　　　　　　　09 様子
03 政党　　　　　　　　　　10 神経
04 官僚　　　　　　　　　　11 神殿
05 税金　　　　　　　　　　12 臣下
06 法律　　　　　　　　　　13 規則
07 司法試験　　　　　　　　14 諸問題

정답
일본어 한자 읽기　1 こくみん　2 れきし　3 せいとう　4 かんりょう　5 ぜいきん　6 ほうりつ
7 しほうしけん　8 おうさま　9 ようす　10 しんけい　11 しんでん　12 しんか　13 きそく
14 しょもんだい

25. 세계

442 世 — 인간 세 — N4
- 訓 よ
  - 世の中 세상
- 音 セ・セイ
  - 世界 세계　世話 보살핌, 신　世代 세대　世間 세간, 세상
  - 出世 출세　お世辞 겉치렛말　20世紀 20세기

443 界 — 지경 계 — N4
- 訓
- 音 カイ
  - 世界 세계　限界 한계　業界 업계　境界 경계

논밭(田)을 구획(介)해서 경계를 만든다는 것에서 경계(界)를 의미하게 되었습니다.

444 平 — 평평할 평 — N2
- 訓 たいら　ひら
  - 平ら 평평함　平社員 평사원
- 音 ヘイ・ビョウ
  - 平気 아무렇지도 않음, 끄떡없음　平凡 평범　平均 평균
  - 平日 평일　平行 평행　平面 평면　平等 평등

445 和 — 화할 화 — N2
- 訓 なごむ　やわらぐ　やわらげる　なごやか
  - 和らげる 누그러뜨리다, 완화하다　和やか 온화함, 부드러움
- 音 ワ
  - 平和 평화　調和 조화　和食 일식　和室 일본식 방

일본을 뜻하는 한자이기도 해서 和室는 '일본식 방(다다미방)', 和食는 '일식', 和風는 '일본식, 일본풍' 등으로 사용합니다.

446 均 — 고를 균 — N2
- 訓
- 音 キン
  - 平均 평균　均等 균등

447 等 같을 등 N2
- 訓 ひとしい
  - 等しい 같다, 다름없다
- 音 トウ
  - 均等 균등　平等 평등　優等生 우등생

448 自 스스로 자 N4
- 訓 みずから
  - 自ら 스스로, 자기 자신
- 音 ジ シ
  - 自分で 스스로　自由 자유　自慢 자랑　自転車 자전거
  - 自腹 자비, 자기 부담　自己満足 자기만족
  - 自業自得 자업자득　自衛隊 자위대　自然 자연

自動販売機(자동판매기)는 우리나라와 마찬가지로 自販機(자판기)로 줄여서 쓰기도 합니다.

449 由 말미암을 유 N3
- 訓
- 音 ユ ユウ ユイ
  - 自由 자유　理由 이유　由来 유래

450 慢 게으를 만 N1
- 訓
- 音 マン
  - 自慢 자랑　我慢 참음　怠慢 태만

451 環 고리 환 N2
- 訓
- 音 カン
  - 環境 환경　循環 순환

452 境 지경 경 N2
- 訓 さかい
  - 境 경계
- 音 キョウ ケイ
  - 環境 환경　国境 국경　境界線 경계선

국토(土)의 끝(竟)인 경계(境)를 의미하는 한자입니다.

453 宇 집우 N2
訓
音 ウ
宇宙船 うちゅうせん 우주선

454 宙 집주 N2
訓
音 チュウ
宇宙 うちゅう 우주　宙返り ちゅうがえり 공중제비, 텀블링

455 洋 바다양 N4
訓
音 ヨウ
西洋 せいよう 서양　太平洋 たいへいよう 태평양　洋食 ようしょく 양식　洋服 ようふく 옷

일본어 필수 어휘 쓰기

01 세상 よのなか ___
02 평범함 たいら ___
03 누그러뜨리다 やわらげる ___
04 스스로 みずから ___

일본어 한자 읽기

01 世界 ___
02 平和 ___
03 平均 ___
04 平等 ___
05 自由 ___
06 自慢 ___
07 環境 ___
08 宇宙 ___
09 太平洋 ___

정답

일본어 필수 어휘 쓰기 1 世の中 2 平ら 3 和らげる 4 自ら

일본어 한자 읽기 1 せかい 2 へいわ 3 へいきん 4 びょうどう 5 じゆう 6 じまん 7 かんきょう 8 うちゅう 9 たいへいよう

26. 셈 순번

456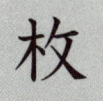

数 셀 수 / N3 / 數

訓 かず　かぞえる
数(かず) 수　数(かぞ)える 세다　数々(かずかず) 수많음, 여러 가지

音 スウ
数学(すうがく) 수학　数字(すうじ) 숫자　点数(てんすう) 점수　手数料(てすうりょう) 수수료
奇数(きすう) 홀수　偶数(ぐうすう) 짝수　多数決(たすうけつ) 다수결

457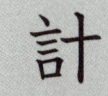

枚 낱 매 / N3

訓

音 マイ
枚数(まいすう) 매수　〜枚(まい) 〜장

1枚(まい)(1장), 2枚(まい)(2장), 3枚(まい)(3장)… 이런식으로 사용합니다.

458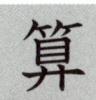

計 셀 계 / N4

訓 はかる　はからう
計(はか)る (시간, 수량 등을) 재다, 세다

音 ケイ
計算(けいさん) 계산　計画(けいかく) 계획　時計(とけい) 시계　会計(かいけい) 회계, 계산서
余計(よけい) 쓸데없음, 불필요함　設計(せっけい) 설계　合計(ごうけい) 합계

はかる(재다)는 상황에 따라 한자를 다르게 쓰는데, 시간을 재거나 수량을 셀 때는 計(はか)る, 길이·면적·속도·온도·혈압 등 측량도구를 이용해 뭔가를 잴 때는 測(はか)る, 무게를 잴 때는 量(はか)る라고 씁니다.

459 **算** 계산 산 / N2

訓

音 サン　ザン
計算(けいさん) 계산　予算(よさん) 예산　勝算(しょうさん) 승산　足(た)し算(ざん) 덧셈

460

測 잴 측 / N2

訓 はかる
測(はか)る (길이, 면적, 속도, 온도, 혈압 등을) 재다

音 ソク
測定(そくてい) 측정　予測(よそく) 예측　推測(すいそく) 추측　観測(かんそく) 관측

461 量 헤아릴 량 N3

訓 はかる
量る (무게, 분량 등을) 재다

音 リョウ
量 양　大量 대량　排気量 배기량

462 個 낱 개 N3

訓
音 コ
～個 ～개　個人 개인　個性 개성　個室 독실, 독방

> '하나, 둘, 셋'은 一つ, 二つ, 三つ라고 하지만 '한 개, 두 개, 세 개'는 1個, 2個, 3個라고 합니다.

463 倍 곱 배 N3

訓
音 バイ
倍 배, 2배　～倍 ～배　人一倍 남보다 갑절, 남보다 더한층

464 順 순할 순 N2

訓
音 ジュン
順番 순번, 차례　順調 순조로움　順位 순위　不順 불순함

465 番 차례 번 N3

訓
音 バン
一番 첫째, 제일, 최상　順番 순번, 차례　番組 (방송) 프로그램
交番 파출소　留守番 남의 빈 집을 지켜줌
定番 꾸준히 잘 팔리는 상품　～番線 ～번선

> 일반적으로 '순번, 차례'는 順番이라고 하지만, '나갈 차례, 할 차례'는 出番이라고 합니다.

466 号 부르짖을 호 N3 號

訓
音 ゴウ
番号 번호　信号 신호　～号室 ～호실　暗号 암호

467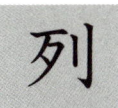
벌일 렬
N2

訓
音 レツ
列 줄, 열　行列 행열　列車 열차　年功序列 연공서열

468
차례 제
N2

訓
音 ダイ
第一 제일, 우선　落第 낙제

469
무리 군
N2

訓 むれる　むれ　むら
群れ 떼, 무리
音 グン
群衆 군중　群集 군집　症候群 증후군

일본어 필수 어휘 쓰기

01 세다　かぞえる
02 (시간, 수량 등을) 재다　はかる
03 (길이, 속도 등을) 재다　はかる
04 (무게, 분량 등을) 재다　はかる

일본어 한자 읽기

01 数学
02 一枚
03 計算
04 予測
05 量
06 個人
07 倍
08 順番
09 番号
10 列
11 第一
12 群衆

정답

일본어 필수 어휘 쓰기　1 数える　2 計る　3 測る　4 量る

일본어 한자 읽기　1 すうがく　2 いちまい　3 けいさん　4 よそく　5 りょう　6 こじん　7 ばい　8 じゅんばん　9 ばんごう　10 れつ　11 だいいち　12 ぐんしゅう

27. 부사

470 必 반드시 필 N3
- 訓 かならず
  - 必ず 반드시, 꼭
- 音 ヒツ
  - 必要 필요　必死 필사

> 必ず(반드시, 꼭)와 비슷한 부사로는 ぜひ, きっと, 絶対 등이 있습니다.

471 完 완전할 완 N3
- 訓
- 音 カン
  - 完全に 완전히　完璧 완벽　完成 완성

472 全 온전할 전 N3
- 訓 まったく
  - 全く 전혀, 완전히, 정말로
- 音 ゼン
  - 全然 전혀　全部 전부　全力 전력　全国 전국
  - 全体 전체　全身 전신　全般的 전반적　健全 건전

473 部 떼 부 N3
- 訓
- 音 ブ
  - 全部 전부　部長 부장(님)　部下 부하　部分 부분
  - 部署 부서　部品 부품　一部 일부　本部 본부
  - 部活 (학생들의) 클럽 활동　テニス部 테니스부　*部屋 방

474 署 관청 서 N2
- 訓
- 音 ショ
  - 部署 부서　消防署 소방서　署名 서명

475 偶 — 짝 우 — N2
訓
音 グウ
偶然 우연　偶数 짝수　配偶者 배우자

476 然 — 그러할 연 — N2
訓
音 ゼン　ネン
全然 전연　突然 돌연, 갑자기　偶然 우연　当然 당연
自然 자연　漠然 막연함　天然 천연, 언행이 엉뚱하고 바보스러운 사람(백치미)

> 天然은 원래 '천연'이라는 뜻이지만 天然ボケ의 준말로 쓰일 때가 많습니다. 이때는 '언동이 엉뚱하고 바보스러운 사람'을 뜻하며 우리말의 '백치미'와 비슷합니다.

477 特 — 특별할 특 — N4
訓
音 トク
特に 특히, 특별히　特別 특별　独特 독특　特徴 특징
特技 특기　特急 특급

> 옛날에 관청(寺)에서 특별한 일이 있으면 소(牛)를 잡아 제사를 지낸다는 데서 특별하다(特)라는 의미가 되었습니다.

478 共 — 함께 공 — N2
訓 とも
共に 함께, 같이　共働き 맞벌이
音 キョウ
共通 공통　共同 공동　共感 공감　共産党 공산당

479 非 — 아닐 비 — N3
訓
音 ヒ
非常に 매우, 몹시　非常口 비상구　是非 꼭, 반드시
非公式 비공식　非難 비난

480 常 — 항상 상 — N3
訓 つね
常に 항상, 늘
音 ジョウ
常識 상식　非常識 비상식　常連 단골 손님
日常会話 일상회화

481
久 오랠 구 N2

- 訓 ひさしい
  - 久しぶり 오래간만　久々 오래간만
- 音 キュウ　ク
  - 永久 영구　持久力 지구력

482
再 다시 재 N3

- 訓 ふたたび
  - 再び 다시, 재차
- 音 サイ　サ
  - 再開 재개　再会 재회　再生 재생　再婚 재혼
  - 再放送 재방송　再来週 다다음 주

483
改 고칠 개 N3

- 訓 あらたまる　あらためる
  - 改めて 다시, 다른 기회에
- 音 カイ
  - 改札口 개찰구　改善 개선　改革 개혁

484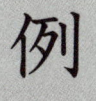
善 착할 선 N2

- 訓 よい
  - 善しあし 옳고 그름
- 音 ゼン
  - 改善 개선　最善 최선　善悪 선악　偽善 위선

양(羊)처럼 순하고 부드럽게 말(口)하는 사람을 나타내어 착하다(善)는 의미가 되었습니다.

485
例 법식 례 N3

- 訓 たとえる
  - 例えば 예를 들면
- 音 レイ
  - 例 예　例外 예외　比例 비례

486
仮 거짓 가 N2 (假)

- 訓 かり
  - 仮に 가령, 만약　仮にも 적어도, 그래도, 절대로, 결코
- 音 カ　ケ
  - 仮定 가정　仮説 가설　仮名 히라가나와 가타카나의 총칭
  - 仮病 꾀병

487 実 — 열매 실 (N3) 實

訓 みのる　み
- 実る 열매를 맺다, 결실하다
- 木の実 나무 열매

音 ジツ
- 実は 실은, 사실은
- 実に 실로, 참으로
- 実現 실현
- 現実 현실
- 真実 진실
- 確実 확실
- 実力 실력
- 充実する 충실하다
- 忠実 충실함
- 誠実 성실
- 着実 착실함
- 実際 실제
- 実家 고향집, 친정
- 実験 실험
- 実践 실천
- 実行 실행
- 実施 실시
- 実感 실감
- 実績 실적

488 際 — 사이 제 (N3)

訓 きわ
- 際どい 아슬아슬하다
- 窓際 창가

音 サイ
- 実際 실제
- 国際 국제
- 交際 교제

489 充 — 가득할 충 (N1)

訓 あてる
- 充てる 충당하다

音 ジュウ
- 充実する 충실하다
- 充電 충전
- 充血 충혈

490 忠 — 충성 충 (N1)

訓

音 チュウ
- 忠実 충실함
- 忠告 충고

491 略 — 다스릴 략 (N2)

訓

音 リャク
- 略して 줄여서, 생략해서
- 省略 생략
- 戦略 전략

우리말로는 둘 다 '충실'로 해석될 수 있지만, 좀 더 정확히 설명하면 充実는 내용이 부족함 없이 충분히 갖춰짐을 의미하고, 忠実는 충직하고 성실함을 뜻합니다.

492 　他
다를 타
N3

訓 ほか
他に 그 밖에, 이외에

音 タ
他人 타인　他動詞 타동사　その他 기타, 그 밖

493 　堂
집 당
N4

訓

音 ドウ
堂々と 당당히　正々堂々 정정당당　講堂 강당
食堂 식당

494 　精
정할 정
N2

訓

音 セイ　ショウ
精いっぱい 힘껏, 고작　精神 정신　妖精 요정

495 　互
서로 호
N2

訓 たがい
お互い 서로, 상호간　お互いさま 피차일반

音 ゴ
相互 상호

496 　途
길 도
N2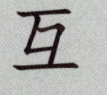

訓

音 ト
～途端に ～하자마자　途中 도중
中途半端 어중간함, 어중이

困ったときはお互いさまですよと
하면 '힘들 땐 서로 도와야지요'라는 뜻인데,
상대방이 나에게 신세 지거나 폐를 끼쳐 미안하다고 할 때 이 말을 하면 상대방이 더 고마워할 것입니다.

497 　般
가지 반
N3

訓

音 ハン
一般 일반　全般 전반

498

訓 まと
的 과녁, 대상

音 テキ

과녁 적
N3

目的 목적　標的 표적　的中 적중　一般的 일반적
根本的 근본적　世界的 세계적

일본어 필수 어휘 쓰기

01 반드시　かならず
02 완전히　まったく
03 특히　とくに
04 함께　ともに
05 항상　つねに
06 오래간만　ひさしぶり
07 재차　ふたたび
08 다른 기회에　あらためて

09 예를 들면　たとえば
10 가령　かりに
11 열매를 맺다　みのる
12 줄여서　りゃくして
13 그 밖에　ほかに
14 힘껏　せいいっぱい
15 서로　おたがい

일본어 한자 읽기

01 必死
02 完全に
03 全然
04 部署
05 偶然
06 特別

07 共通
08 是非
09 非常に
10 持久力
11 再開
12 改善

13	例外	19	省略	
14	仮定	20	他人	
15	実は	21	堂々と	
16	実際	22	精神	
17	充電	23	途中	
18	忠告	24	一般的	

정답

일본어 필수 어휘 쓰기 1 必ず 2 全く 3 特に 4 共に 5 常に 6 久しぶり 7 再び 8 改めて 9 例えば 10 仮に 11 実る 12 略して 13 他に 14 精いっぱい 15 お互い

일본어 한자 읽기 1 ひっし 2 かんぜんに 3 ぜんぜん 4 ぶしょ 5 ぐうぜん 6 とくべつ 7 きょうつう 8 ぜひ 9 ひじょうに 10 じきゅうりょく 11 さいかい 12 かいぜん 13 れいがい 14 かてい 15 じつは 16 じっさい 17 じゅうでん 18 ちゅうこく 19 しょうりゃく 20 たにん 21 どうどうと 22 せいしん 23 とちゅう 24 いっぱんてき

28. 이해, 사고

499 知 알 지 (N4)

訓 しる
- 知る 알다
- 知り合い 아는 사람
- お知らせ 알림, 통지
- 知らんぷり 알면서도 모르는 체함
- 人見知り 낯가림

音 チ
- 知識 지식
- 知人 지인
- 知恵 지혜

아는 게 많으면 화살(矢)처럼 말(口)이 빨리 나온다는 것을 의미합니다.

500 識 알 식 (N2)

訓

音 シキ
- 意識 의식
- 知識 지식
- 常識 상식
- 認識 인식

501 覚 깨달을 각 (N2)

訓 おぼえる　さめる　さます
- 覚える 기억하다, 익히다
- 見覚え 예전에 본 기억
- 覚める 잠이 깨다, 눈이 뜨이다
- 覚ます (잠을) 깨다
- 目覚まし 잠을 깸, 자명종

音 カク
- 覚悟 각오
- 感覚 감각
- 錯覚 착각
- 発覚 발각

覚은 覺의 약자로 눈으로 보고(見) 배워서(學) 사물의 도리를 깨닫고 기억한다는 의미입니다.

502 忘 잊을 망 (N3)

訓 わすれる
- 忘れる 잊다
- 忘れ物 잊은 물건

音 ボウ
- 忘年会 망년회

마음(心) 속에 간직했던 기억이 없어지니 (亡) 잊는다(忘)는 의미입니다.

503 詳 자세할 상 (N1)

訓 くわしい
- 詳しい 상세하다, 잘 알고 있다

音 ショウ
- 詳細 상세

504
상고할 고
N4

訓 かんがえる
考える (〜을) 생각하다

音 コウ
参考 참고

かんがえる는 머리를 써서 뭔가에 대해 궁리한다는 뜻으로 よく考えて. (잘 생각해.), 何考えてるの? (무슨 생각해?)와 같이 씁니다.

505
생각 사
N4

訓 おもう
思う (〜라고) 생각하다   思い出す 생각해내다, 생각나다
思い出 추억   思いやり 배려   思い切り 마음껏, 실컷
思わず 엉겁결에, 무심코

音 シ
意思 의사   不思議 희한함, 불가사의   思春期 사춘기
思想 사상

おもう는 예상이나 직감 등 마음으로 느끼고 생각한다는 뜻으로 どう思う? (어떻게 생각해?), いいと思う. (좋다고 생각해.)와 같이 씁니다.

506
물댈 주
N4

訓 そそぐ
注ぐ 흘러들다, 붓다, 따르다, 물주다

音 チュウ
注意 주의   注目 주목   注文 주문   発注 발주
注射 주사

そそぐ는 '(액체 등을) 붓다, 따르다' 이외에도 心血を注ぐ(심혈을 기울이다), 全力を注ぐ(전력을 다하다) 등으로 사용하기도 합니다.

507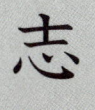
뜻 의
N4

訓

音 イ
意味 의미   意識 의식   意外 의외   注意 주의
用意 준비, 대비   意思 의사   意志 의지   意地 고집, 오기
意地悪 심술궂음, 심술꾸러기   意気地なし 패기없는 사람
生意気 건방짐   意欲 의욕

508
뜻 지
N2

訓 こころざす　こころざし
志 뜻, 의지, 목표, 호의

音 シ
意志 의지   志望 지망

139

509
번뇌할 뇌
N2 悩

訓 なやむ　なやます
悩む 고민하다　悩み 고민

音 ノウ
苦悩 고뇌

510
느낄 감
N3

訓
音 カン
感じる 느끼다　感じ 느낌, 인상　感動 감동　感謝 감사
予感 예감　鈍感 둔감　敏感 민감　実感 실감
感激 감격　直感 직감　反感 반감　感染 감염

511 想
생각 상
N3

訓
音 ソウ
想像 상상　感想 감상　理想 이상　予想 예상
発想 발상　幻想 환상　妄想 망상　*愛想 붙임성

愛想のいい라고 하면 '붙임성이 있는, 친절한'이라는 뜻이고, 無愛想는 '상냥치 않음, 퉁명스러움'이라는 뜻이에요.

512
모양 상
N2

訓
音 ゾウ
想像 상상　現像 현상　画像 이미지　映像 영상

513
믿을 신
N3

訓
音 シン
信じる 믿다　信用 신용, 신뢰　信号 신호　自信 자신
通信 통신　信念 신념　確信 확신

사람(人)의 말(言)에 거짓이 있어서는 안되겠지요. 신에 맹세코 정직하게 말한다는 의미에서 진실, 믿음(信)을 뜻합니다.

514
의심할 의
N2

訓 うたがう
疑う 의심하다

音 ギ
疑問 의문　容疑者 용의자　疑惑 의혹

515 認 알 인 N3
訓 みとめる
認める 인정하다
音 ニン
確認 확인　認識 인식　承認 승인

516 承 이을 승 N2
訓 うけたまわる
承る '받다, 듣다, 승낙하다'의 겸사말
音 ショウ
承知 알고 있음, 승낙함　承諾 승낙　承認 승인

일본어 필수 어휘 쓰기

01 알다 しる
02 기억하다 おぼえる
03 잊다 わすれる
04 상세하다 くわしい
05 (~을) 생각하다 かんがえる
06 (~라고) 생각하다 おもう
07 붓다 そそぐ
08 뜻 こころざし
09 고민하다 なやむ
10 느끼다 かんじる
11 믿다 しんじる
12 의심하다 うたがう
13 인정하다 みとめる

일본어 한자 읽기

01 知識
02 覚悟
03 忘年会
04 詳細
05 参考
06 意思
07 注意
08 意志
09 想像
10 疑問
11 確認
12 承知

정답

일본어 필수 어휘 쓰기 1 知る 2 覚える 3 忘れる 4 詳しい 5 考える 6 思う 7 注ぐ 8 志 9 悩む 10 感じる 11 信じる 12 疑う 13 認める

일본어 한자 읽기 1 ちしき 2 かくご 3 ぼうねんかい 4 しょうさい 5 さんこう 6 いし 7 ちゅうい 8 いし 9 そうぞう 10 ぎもん 11 かくにん 12 しょうち

29. 소망

517 欲 / 하고자 할 욕 / N3

訓 ほしい　ほっする
- 欲しい 갖고 싶다, ~해주었으면 좋겠다

音 ヨク
- 欲望(よくぼう) 욕망　欲張(よくば)り 욕심쟁이, 욕심을 부림　食欲(しょくよく) 식욕
- 欲求不満(よっきゅうふまん) 욕구불만　意欲(いよく) 의욕

> '~해주었으면 좋겠다'라는 의미로 쓸 때는 주로 히라가나 ほしい로 씁니다.

518 要 / 구할 요 / N3

訓 いる
- 要(い)る 필요하다

音 ヨウ
- 必要(ひつよう) 필요　重要(じゅうよう) 중요　要求(ようきゅう) 요구　要因(よういん) 요인
- 要(よう)するに 요컨대

519 求 / 구할 구 / N3

訓 もとめる
- 求(もと)める 구하다, 요청하다

音 キュウ
- 求人広告(きゅうじんこうこく) 구인광고　要求(ようきゅう) 요구　追求(ついきゅう) 추구
- 欲求(よっきゅう) 욕구　請求書(せいきゅうしょ) 청구서

520 希 / 바랄 희 / N3

訓

音 キ
- 希望(きぼう) 희망

521 望 / 바랄 망 / N3

訓 のぞむ　のぞましい
- 望(のぞ)む 바라다　望(のぞ)み 바람, 소망

音 ボウ
- 希望(きぼう) 희망　失望(しつぼう) 실망　絶望(ぜつぼう) 절망　志望(しぼう) 지망
- 望遠鏡(ぼうえんきょう) 망원경

522 頼
힘입을 뢰
N2 頼

訓 たのむ　たよる　たのもしい
頼む 부탁하다　頼み 부탁　頼る 의지하다　頼り 의지
頼もしい 믿음직하다

音 ライ
信頼 신뢰　依頼 의뢰

> 頼りになる는 '의지가 되다'라는 뜻인데, 비슷한 표현으로는 当てになる(의지가 되다, 믿을 수 있다)가 있습니다. 이 표현은 부정형 当てにならない로 더 많이 쓰입니다.

523 依
의지할 의
N2

訓

音 イ　エ
依頼 의뢰　依存 의존

524 願
원할 원
N3

訓 ねがう
願う 바라다, 기원하다　お願い 부탁　願い事 원하는 일, 소망

音 ガン
願書 원서　念願 염원

525 祈
빌 기
N2 祈

訓 いのる
祈る 빌다, 기원하다

音 キ
祈願 기원

526 夢
꿈 몽
N2

訓 ゆめ
夢 꿈

音 ム
夢中 열중함, 몰두함　悪夢 악몽

> '꿈을 꾸다'는 夢を見る, '꿈에서 깨다'는 夢から覚める입니다.

527 奇
기이할 기
N1

訓

音 キ
奇跡 기적　奇妙 기묘함　奇数 홀수

528 跡 — 발자취 적 — N1

訓 あと
- 跡 자국, 자취, 흔적
- 足跡(あしあと) 발자국, 발자취
- 跡継(あとつ)ぎ 상속자, 후계자

音 セキ
- 奇跡(きせき) 기적
- 追跡(ついせき) 추적

529 約 — 맺을 약 — N3

訓

音 ヤク
- 約(やく) 약, 대략
- 約束(やくそく) 약속
- 予約(よやく) 예약
- 契約(けいやく) 계약
- 節約(せつやく) 절약
- 婚約(こんやく) 혼약

530 束 — 묶을 속 — N3

訓 たば
- 花束(はなたば) 꽃다발

音 ソク
- 束縛(そくばく) 속박
- 約束(やくそく) 약속

531 秘 — 숨길 비 — N1

訓 ひめる

音 ヒ
- 秘密(ひみつ) 비밀
- 秘訣(ひけつ) 비결
- 秘書(ひしょ) 비서
- 神秘(しんぴ) 신비
- 便秘(べんぴ) 변비

532 密 — 빽빽할 밀 — N1

訓

音 ミツ
- 秘密(ひみつ) 비밀
- 機密(きみつ) 기밀
- 緊密(きんみつ) 긴밀
- 厳密(げんみつ) 엄밀
- 親密(しんみつ) 친밀
- 密度(みつど) 밀도
- 密林(みつりん) 밀림
- 密接(みっせつ) 밀접
- 密着(みっちゃく) 밀착

> 비밀에는 秘密(ひみつ)와 内緒(ないしょ)가 있는데, 秘密는 '비밀의 화원', '비밀의 정원'처럼 일반적으로 알려지지 않은 비밀에 많이 쓰이고, 内緒(ないしょ)는 "이거 비밀인데 너만 알고 있어."처럼 남이 알아서는 안 되는 비밀을 의미할 때 회화체에서 많이 씁니다.

533 賛
도울 찬
N2 贊

訓

音 サン
賛成(さんせい) 찬성　賛美(さんび) 찬미

534 成
이룰 성
N3

訓 なる　なす
成(な)る 이루어지다, 구성되다　成(な)り行(ゆ)き 경과, 추세
成田(なりた) 나리타

音 セイ　ジョウ
成功(せいこう) 성공　成績(せいせき) 성적　成長(せいちょう) 성장　成果(せいか) 성과
成人(せいじん)の日(ひ) 성인의 날　未成年(みせいねん) 미성년　賛成(さんせい) 찬성
達成(たっせい) 달성　養成(ようせい) 양성　成分(せいぶん) 성분

535 失
잃을 실
N3

訓 うしなう
失(うしな)う 잃다　見失(みうしな)う 보고 있던 것을 놓치다

音 シツ
失礼(しつれい) 실례　失恋(しつれん) 실연　失望(しつぼう) 실망　過失(かしつ) 과실
失敗(しっぱい) 실패　失格(しっかく) 실격　失踪(しっそう) 실종

> 회화체에서 '실망하다' 라고 할 때는 失望(しつぼう)(실망)라는 단어보다 がっかりする라는 표현을 더 많이 사용합니다.

536 敗
패할 패
N2

訓 やぶれる
敗(やぶ)れる 패하다

音 ハイ
失敗(しっぱい) 실패　敗北(はいぼく) 패배　腐敗(ふはい) 부패

537 礼
예절 례
N3 禮

訓

音 レイ　ライ
お礼(れい) 사례, 사례 인사　礼儀(れいぎ) 예의　失礼(しつれい) 실례　無礼(ぶれい) 무례

538 無 (없을 무) N3

訓 ない
台無(だいな)し 엉망이 됨

音 ム ブ
無理(むり) 무리 無駄(むだ) 쓸데없음, 헛됨 無視(むし) 무시
無茶(むちゃ) 당치않음, 터무니없음 無事(ぶじ) 무사함 無実(むじつ) 무고, 무죄
無敵(むてき) 무적 無謀(むぼう) 무모함 無鉄砲(むてっぽう) 막무가내(무데뽀), 무모함
無邪気(むじゃき) 천진난만함

539 駄 (실을 태) N1

訓

音 ダ
無駄(むだ) 쓸데없음, 헛됨 駄目(だめ) 안돼

540 視 (볼 시) N1 視

訓

音 シ
無視(むし) 무시 監視(かんし) 감시 視線(しせん) 시선 視野(しや) 시야
視力(しりょく) 시력 視聴者(しちょうしゃ) 시청자

젊은 사람들은 無視(무시)의 속으로 しか と라는 단어를 쓰기도 합니다. しかとされた라고 하면 '무시당했다' 라는 말이 되죠.

541 勘 (헤아릴 감) N1

訓

音 カン
勘(かん) 감, 느낌 勘違(かんちが)い 착각 勘弁(かんべん) 봐줌, 용서함 勘定(かんじょう) 계산
割(わ)り勘(かん) 각자 부담

여자의 감(직감)은 참 예리하다고 하죠. 이 '여자의 감'을 女(おんな)の勘(かん) 이라고 합니다.

542 弁 (고깔 변) N1 辯

訓

音 ベン
弁当(べんとう) 도시락 勘弁(かんべん) 봐줌, 용서함 弁護士(べんごし) 변호사
関西弁(かんさいべん) 관서 지방 사투리 駅弁(えきべん) 역이나 기차 안에서 파는 도시락

147

일본어 필수 어휘 쓰기

01 갖고 싶다 ほしい
02 필요하다 いる
03 요청하다 もとめる
04 바라다 のぞむ
05 부탁하다 たのむ
06 부탁 おねがい
07 기원하다 いのる
08 꿈 ゆめ
09 발자취 あしあと
10 꽃다발 はなたば
11 잃다 うしなう
12 패하다 やぶれる

일본어 한자 읽기

01 欲望
02 必要
03 求人広告
04 希望
05 依頼
06 念願
07 夢中
08 奇跡
09 約束
10 秘密
11 成功
12 賛成
13 失敗
14 失礼
15 無駄
16 駄目
17 無視
18 勘弁
19 恩返し

정답

일본어 필수 어휘 쓰기 1 欲しい 2 要る 3 求める 4 望む 5 頼む 6 お願い 7 祈る 8 夢 9 足跡 10 花束 11 失う 12 敗れる

일본어 한자 읽기 1 よくぼう 2 ひつよう 3 きゅうじんこうこく 4 きぼう 5 いらい 6 ねんがん 7 むちゅう 8 きせき 9 やくそく 10 ひみつ 11 せいこう 12 さんせい 13 しっぱい 14 しつれい 15 むだ 16 だめ 17 むし 18 かんべん 19 おんがえし

30. 선택, 결정

543 勧 권할 권 N1
- 訓 すすめる
  - 勧める 권하다, 추천하다
  - お勧め 추천
- 音 カン
  - 勧誘 권유

544 比 견줄 비 N3
- 訓 くらべる
  - 比べる 비교하다
- 音 ヒ
  - 比較的 비교적　比例 비례　比率 비율

545 較 견줄 교 N2
- 訓
- 音 カク
  - 比較 비교

> 推薦(추천)이라는 단어는 推薦入学(추천입학), 推薦図書(추천도서)처럼 공식적인 말에 주로 쓰고, 일상 회화에서는 お勧めメニュー(추천메뉴), お勧めの観光スポット(추천 관광지)처럼 お勧め를 많이 씁니다.

546 選 가릴 선 N3
- 訓 えらぶ
  - 選ぶ 고르다, 선택하다
- 音 セン
  - 選択 선택　選挙 선거　選手 선수　当選 당선
  - 抽選 추첨

547 決 결단할 결 N3
- 訓 きめる　きまる
  - 決める 정하다, 결정하다　決めつける 단정해버리다
  - 決まる 정해지다, 결정되다　決まり 규정, 결정
- 音 ケツ
  - 決断 결단　解決 해결　決して 결코, 절대로
  - 決勝戦 결승전　決心 결심　決定 결정　対決 대결
  - 判決 판결　決着をつける 결판을 짓다

149

548

迷

미혹할 미
N2 迷

訓 まよう
迷う 헤매다, 망설이다 *迷子 まいご 고아

音 メイ
迷惑 めいわく 폐, 민폐, 성가심　迷路 めいろ 미로　迷信 めいしん 미신

549

惑

미혹할 혹
N1

訓 まどう
戸惑う とまどう 당황하다

音 ワク
迷惑 めいわく 폐, 민폐, 성가심　困惑 こんわく 곤혹, 난처함　誘惑 ゆうわく 유혹
疑惑 ぎわく 의혹

何にするか迷うむ라고 하면 '뭘로 할지 망설이다'라는 뜻이고, 道に迷う는 '길을 헤매다'라는 뜻입니다.

550

譲

사양할 양
N1 譲

訓 ゆずる
譲る ゆずる 물려주다, 양보하다

音 ジョウ
譲歩 じょうほ 양보　謙譲語 けんじょうご 겸양어

도움(襄)을 말(言)로써 정중하게 사양한다(譲)는 의미입니다.

551

任

맡길 임
N2

訓 まかせる　まかす
任せる まかせる 맡기다

音 ニン
責任 せきにん 책임　任務 にんむ 임무　担任 たんにん 담임

552

担

멜 담
N2 擔

訓 かつぐ　になう
担ぐ かつぐ 메다, 짊어지다

音 タン
担当者 たんとうしゃ 담당자　担任 たんにん 담임　担保 たんぽ 담보　負担 ふたん 부담

553

構

얽을 구
N2

訓 かまう　かまえる
構わない かまわない 상관하지 않는다, 개의치 않는다

音 コウ
結構 けっこう 꽤, 상당히　構造 こうぞう 구조

554
限
한계 한
N3

訓 かぎる
限る 한정하다　限り 끝, 한껏, 마지막

音 ゲン
限界 한계　限定 한정　門限 통금　制限 제한　無限 무한

555
制
절제할 제
N2

訓

音 セイ
制限 제한　制服 제복, 교복　制度 제도　強制 강제

556
含
머금을 함
N2

訓 ふくむ　ふくめる
含む 머금다, 포함하다　含める 포함시키다

音 ガン
含有 함유

557
占
점령할 점
N2

訓 しめる　うらなう
占める 차지하다　占う 점치다　占い 점　占い師 점쟁이

音 セン
独占 독점

558
賭
내기 도
N1

訓 かける　かけ
賭ける 걸다, 내기하다　賭け 내기, 도박, 모험

音 ト
賭博 도박

559
博
넓을 박
N1

訓

音 ハク　バク
博物館 박물관　博覧会 박람회　賭博 도박　博士 박사

> 賭ける는 ~に5ドル賭ける(~에 5달러 걸다)처럼 돈을 건다고 할 때도 쓰고, ~に人生を賭ける(~에 인생을 걸다), ~に全てを賭ける(~에 모든 것을 걸다)와 같이 돈 이외에도 다양한 단어를 넣어서 쓸 수 있습니다.

일본어 필수 어휘 쓰기

01 추천하다 すすめる
02 비교하다 くらべる
03 고르다 えらぶ
04 정하다 きめる
05 헤매다 まよう
06 당황하다 とまどう
07 양보하다 ゆずる
08 맡기다 まかせる
09 짊어지다 かつぐ
10 개의치 않는다 かまわない
11 한정하다 かぎる
12 포함하다 ふくむ
13 점치다 うらなう
14 내기하다 かける

일본어 한자 읽기

01 勧誘
02 比較的
03 選択
04 決心
05 迷惑
06 謙譲語
07 担任
08 結構
09 限定
10 制服
11 独占
12 賭博

정답

일본어 필수 어휘 쓰기 1 勧める 2 比べる 3 選ぶ 4 決める 5 迷う 6 戸惑う 7 譲る 8 任せる 9 担ぐ 10 構わない 11 限る 12 含む 13 占う 14 賭ける

일본어 한자 읽기 1 かんゆう 2 ひかくてき 3 せんたく 4 けっしん 5 めいわく 6 けんじょうご 7 たんにん 8 けっこう 9 げんてい 10 せいふく 11 どくせん 12 とばく

31. 의사

560 誘 / 꾈 유 / N1
- 訓 さそう
  - 誘う 권하다, 꾀다
- 音 ユウ
  - 誘拐 유괴　誘惑 유혹　勧誘 권유

말(言)을 빼어나게(秀) 잘해서 사람을 꾀다(誘)라는 뜻입니다. 보통 誘う는 무엇을 함께 하자고 권할 때 쓰고, 이성을 꼬신다고 할 때는 口説く를 씁니다.

561 判 / 판단할 판 / N2
- 訓
- 音 ハン　バン
  - 判断 판단　批判 비판　判決 판결　判定 판정
  - 裁判 재판　評判 평판, 유명함

562 断 / 끊을 단 / N3 断
- 訓 ことわる　たつ
  - 断る 거절하다　断つ 끊다, 자르다, 차단하다
- 音 ダン
  - 判断 판단　決断 결단　油断 방심　中断 중단
  - 断定 단정　断言 단언

연결된 실(糸)을 도끼(斤)로 끊다, 자르다(断)라는 의미입니다.

563 批 / 비평할 비 / N2
- 訓
- 音 ヒ
  - 批判 비판　批評家 비평가

564 評 / 평할 평 / N2
- 訓
- 音 ヒョウ
  - 評判 평판, 유명함　好評 호평　評価 평가　批評 비평

공평하게(平) 사물을 헤아려 말하니(言) 평하다(評)라는 의미가 됩니다.

565 絶 끊을 절 N2

訓 たつ　たえる　たやす
絶つ 끊다　絶えず 끊임없이, 늘, 언제나

音 ゼツ
絶望 절망　絶対 절대　絶品 일품　絶版 절판　絶交 절교
絶好 절호　絶好調 최상의 컨디션　気絶 기절

> 앞에 나왔던 断つ는 糸を断つ(실을 끊다), 退路を断つ(퇴로를 끊다), 酒を断つ(술을 끊다)처럼 '절단, 분리, 차단, 종료'의 의미를 가지고 있고, 絶つ는 国交を絶つ(국교를 끊다), 命を絶つ(목숨을 끊다)처럼 '연결되어 있던 것이 끊기다/끝나다'라는 의미를 갖고 있습니다.

566 対 대답할 대 N3　對

訓

音 タイ　ツイ
絶対 절대　反対 반대　対策 대책　対決 대결
対象 대상　一対 한 쌍, 한 벌

567 反 돌이킬 반 N3

訓 そる　そらす
反らす 뒤로 젖히다

音 ハン　ホン
反対 반대　反省 반성　反応 반응　反抗 반항　反則 반칙
反発 반발　反感 반감　反映 반영　違反 위반

568 省 덜 생, 살필 성 N2

訓 はぶく　かえりみる
省く 줄이다, 덜다, 생략하다　省みる 돌이켜보다

音 セイ　ショウ
反省 반성　省略 생략　文部科学省 문부과학성(구 문부성)

> 작은(少) 것까지 자세히 보다(目)는 것으로 살피다(省)를 뜻합니다. 省みる는 자신이 한 일에 대해서 반성하며 뒤를 돌아본다는 의미인데 발음이 같은 顧みる는 객관적인 사실, 즉 역사나 이미 지나간 일에 대해서 돌이켜 생각해 본다는 의미입니다.

569 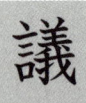 막을 항 N1

訓

音 コウ
抗議 항의　抵抗 저항　反抗 반항

570 議 의논할 의 N3

訓

音 ギ
会議 회의　議論 의논, 논의　議員 의원　抗議 항의

571 説 (말씀 설) N4

訓 とく
- 口説く (くどく) 꾀다, 설득하다

音 セツ　ゼイ
- 説明 (せつめい) 설명
- 小説 (しょうせつ) 소설
- 伝説 (でんせつ) 전설
- 解説 (かいせつ) 해설
- 仮説 (かせつ) 가설
- 説教 (せっきょう) 설교
- 説得 (せっとく) 설득
- 演説 (えんぜつ) 연설

572 得 (얻을 득) N2

訓 える　うる
- あり得ない (ありえない) 있을 수 없다

音 トク
- 得 (とく) 득, 이득
- 説得 (せっとく) 설득
- 納得 (なっとく) 납득
- 得意 (とくい) 잘해서 자신이 있음
- 獲得 (かくとく) 획득
- 得点 (とくてん) 득점
- お買い得 (おかいどく) 이롭게 싸게 구입함

> 길을 걷다(彳) 재물(貝)이 손(寸)에 들어온다는 것에서 얻다(得)는 의미가 되었습니다.

573 納 (들일 납) N1

訓 おさめる　おさまる
- 納める (おさめる) 납부하다

音 ノウ　ナッ　ナ　ナン　トウ
- 納期 (のうき) 납기
- 納得 (なっとく) 납득
- 納豆 (なっとう) 낫토
- 出納 (すいとう) 출납

574 諦 (살필 체) N1

訓 あきらめる
- 諦める (あきらめる) 단념하다

音 テイ　タイ

575 従 (좇을 종) N1

訓 したがう　したがえる
- 従う (したがう) 따르다, 순종하다

音 ジュウ　ショウ　ジュ
- 従業員 (じゅうぎょういん) 종업원
- 従来 (じゅうらい) 종래, 종전

> 従う(따르다, 순종하다)와 반의어인 逆らう(거스르다, 거역하다)도 함께 외워두세요.

576 逆 (거스를 역) N2

訓 さからう　さか
- 逆らう (さからう) 거스르다, 거역하다

音 ギャク
- 逆 (ぎゃく) 반대, 거꾸로임
- 逆転 (ぎゃくてん) 역전

> 우리말과 마찬가지로 耳に逆らう는 '귀에 거슬리다'라는 뜻입니다.

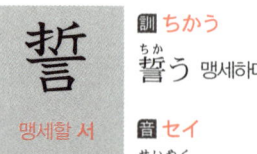

577 誓 맹세할 서 N1
訓 ちかう
誓う 맹세하다
音 セイ
誓約 서약

일본어 필수 어휘 쓰기

01 권하다 さそう
02 거절하다 ことわる
03 끊임없이 たえず
04 줄이다 はぶく
05 꾀다 くどく
06 있을 수 없다 ありえない
07 단념하다 あきらめる
08 따르다 したがう
09 거스르다 さからう
10 맹세하다 ちかう

일본어 한자 읽기

01 誘惑
02 判断
03 批判
04 好評
05 絶対
06 反対
07 反省
08 反抗
09 会議
10 説明
11 納得
12 従業員
13 逆転

정답

일본어 필수 어휘 쓰기 1 誘う 2 断る 3 絶えず 4 省く 5 口説く 6 あり得ない 7 諦める 8 従う 9 逆らう 10 誓う

일본어 한자 읽기 1 ゆうわく 2 はんだん 3 ひはん 4 こうひょう 5 ぜったい 6 はんたい 7 はんせい 8 はんこう 9 かいぎ 10 せつめい 11 なっとく 12 じゅうぎょういん 13 ぎゃくてん

32. 마음 기분

578 心 마음 심 N4

訓 こころ
- 心(こころ) 마음　心当(こころあ)たり 마음에 집이는 데, 짐작 가는 데
- 心地良(ここちよ)い 상쾌하다　居心地(いごこち) 어떤 장소에 있을 때의 느낌
- 心細(こころぼそ)い 마음이 안 놓이다, 허전하다

音 シン
- 心配(しんぱい) 걱정, 염려　中心(ちゅうしん) 중심　安心(あんしん) 안심　心臓(しんぞう) 심장
- 心理学(しんりがく) 심리학　良心(りょうしん) 양심　肝心(かんじん) 중요함

> 心가 들어간 관용표현이 많은데, 心を込(こ)める는 '마음(정성)을 담다', 心を入(い)れ替(か)える는 '마음을 고쳐 먹다'라는 뜻입니다.

579 楽 즐길 락, 풍류 악 N4

訓 たのしい　たのしむ
- 楽(たの)しい 즐겁다　楽(たの)しむ 즐기다　楽(たの)しみ 낙, 즐거움, 기대

音 ガク　ラク
- 音楽(おんがく) 음악　楽器(がっき) 악기　楽(らく) 편안함, 수월함　楽勝(らくしょう) 낙승
- 楽園(らくえん) 낙원　楽天的(らくてんてき) 낙천적

580 恥 부끄러워할 치 N2

訓 はじ　はずかしい　はじる　はじらう
- 恥(はじ) 부끄러움, 수치　恥(は)ずかしい 부끄럽다, 창피하다

音 チ
- 恥辱(ちじょく) 치욕

> 일본에 聞(き)くは一時(いっとき)の恥(はじ)、聞(き)かぬは一生(いっしょう)の恥(はじ)라는 말이 있는데, '묻는 것은 순간의 수치, 묻지 않아 모르는 것은 일생의 수치'라는 뜻입니다.

581 幸 다행 행 N2

訓 さいわい　さち　しあわせ
- 幸(さいわ)い 다행　幸(しあわ)せ 행복

音 コウ
- 幸福(こうふく) 행복　不幸(ふこう) 불행

> 우리말의 '행복'과 같은 幸福(こうふく)라는 단어는 문어체에서 주로 쓰고, 회화체에서는 幸(しあわ)せ를 많이 씁니다.

582 福 복 복 N2

訓

音 フク
- 福祉(ふくし) 복지　幸福(こうふく) 행복　祝福(しゅくふく) 축복　福岡(ふくおか) 후쿠오카(지명)
- 福島(ふくしま) 후쿠시마(지명)

583

슬플 비
N2

訓 かなしい　かなしむ
悲しい 슬프다　悲しむ 슬퍼하다　悲しみ 슬픔

音 ヒ
悲劇 비극　悲惨 비참　悲鳴 비명

584

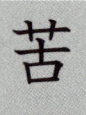

참혹할 참
N1

訓 みじめ
惨め 비참함

音 サン　ザン
悲惨 비참　惨事 참사

585

쓸 고
N3

訓 くるしい　くるしむ　くるしめる　にがい
苦しい 괴롭다, 고통스럽다　苦しめる 괴롭히다
苦しむ 괴로워하다　見苦しい 보기 흉하다, 볼꼴사납다
苦い (맛이) 쓰다　苦手 대하기 싫은 상대, 잘하지 못함

音 ク
苦労 고생　苦情 불평, 불만　苦痛 고통

586

고요할 적
N1

訓 さび　さびしい　さびれる
寂しい 쓸쓸하다, 외롭다

音 ジャク　セキ
静寂 정적

587

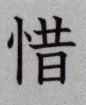

둘을 회
N1　懐

訓 ふところ　なつかしい　なつかしむ　なつく　なつける
懐かしい 정겹다, 그립다　懐 품, 호주머니

音 カイ
懐疑 회의

懐が寒い는 '가지고 있는 돈이나 재산 등이 없다', 懐を肥やす는 '부당한 이익을 얻다'라는 뜻입니다.

588

惜

아낄 석
N1

訓 おしい　おしむ
惜しい 아깝다, 애석하다

音 セキ

骨を惜しむ는 '수고를 아끼다, 게으름을 피우다'라는 뜻입니다.

589
미워할 증
N2 憎

訓 にくむ　にくい　にくらしい　にくしみ
憎む 미워하다　憎しみ 미워하는 마음, 증오

音 ゾウ
憎悪 증오　愛憎 애증

590
뉘우칠 회
N1 悔

訓 くいる　くやむ　くやしい
悔しい 분하다

音 カイ
後悔 후회

591
두려워할 포
N2

訓 こわい
怖い 무섭다

音 フ
恐怖 공포

592
두려울 공
N2

訓 おそろしい　おそれる
恐ろしい 두렵다　恐らく 아마, 필시

音 キョウ
恐怖 공포

> 怖いと 恐ろしい는 둘 다 '무섭다, 두렵다'라는 의미지만, 단순히 '무섭다', '무섭지 않다'라고 할 때는 怖い를 주로 쓰고, 恐ろしい權力(무서운 권력)처럼 뒤에 오는 명사를 수식할 때는 恐ろしい를 사용합니다.

593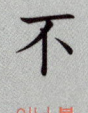
그리워할 동
N1

訓 あこがれる
憧れる 동경하다

音 ドウ　ショウ

594 不
아닐 불
N4

訓
音 フ　ブ
不満 불만　不安 불안　不便 불편　不良 불량아
不倫 불륜　不潔 불결　不思議 희한함, 불가사의
不公平 불공평　不正 부정　不当 부당함　不動産 부동산
不況 불황　不景気 불경기　不審 의심스러움, 수상함

595

満

찰 만
N3 満

訓 みちる　みたす
満ちる 차다　満たす 채우다

音 マン
満足 만족　満員電車 만원전철　不満 불만　肥満 비만
満タン 만탱크, 만땅

596

快

쾌할 쾌
N3

訓 こころよい
快い 즐겁다, 유쾌하다, 상쾌하다

音 カイ
快適 쾌적　愉快 유쾌

597

誇

자랑할 과
N1

訓 ほこる
誇り 자랑, 긍지, 자긍심　誇る 자랑하다, 뽐내다
誇らしげ 자랑스러움

音 コ
誇張 과장

말(言)로 자랑하다(夸)니까 역시 자랑하다(誇)라는 의미가 됩니다.

일본어 필수 어휘 쓰기

01 마음 こころ

02 즐겁다 たのしい

03 부끄럽다 はずかしい

04 행복 しあわせ

05 슬프다 かなしい

06 비참함 みじめ

07 괴롭다 くるしい

08 외롭다 さびしい

09 정겹다 なつかしい

10 아깝다 おしい

11 미워하다 にくむ

12 분하다 くやしい

13 무섭다 こわい

14 두렵다 おそろしい

15 동경하다 あこがれる

16 긍지 ほこり

일본어 한자 읽기

01 心配

02 楽

03 不幸

04 福岡

05 悲惨

06 苦労

07 後悔

08 恐怖

09 不満

10 快適

정답

일본어 필수 어휘 쓰기 1 心 2 楽しい 3 恥ずかしい 4 幸せ 5 悲しい 6 惨め 7 苦しい 8 寂しい 9 懐かしい 10 惜しい 11 憎む 12 悔しい 13 怖い 14 恐ろしい 15 憧れる 16 誇り

일본어 한자 읽기 1 しんぱい 2 らく 3 ふこう 4 ふくおか 5 ひさん 6 くろう 7 こうかい 8 きょうふ 9 ふまん 10 かいてき

33. 감정표현

598
기쁠 희
N2

訓 よろこぶ
喜ぶ 기뻐하다 喜び 기쁨

音 キ
喜劇 희극 喜怒哀楽 희로애락

599
웃을 소
N3

訓 わらう　えむ
笑う 웃다 お笑い 코미디, 개그 笑顔 웃는 얼굴

音 ショウ
爆笑 폭소 冷笑 냉소 苦笑 쓴웃음

600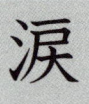
울 읍
N3

訓 なく
泣く 울다 泣き声 울음소리, 우는 소리

音 キュウ

泣き面に蜂(우는 얼굴에 벌침)는 '엎친 데 덮친 격', 泣きを見る는 '쓰라림을 맛보다, 쓰라린 경험을 하다'라는 뜻입니다.

601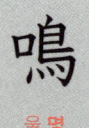
눈물 루
N3 涙

訓 なみだ
涙 눈물

音 ルイ
涙腺 눈물샘

すずめの涙는 우리말의 '새 발의 피, 쥐꼬리만큼'처럼 '아주 적은 양'을 의미하고, 血も涙もない는 우리말과 마찬가지로 '피도 눈물도 없다'라는 뜻입니다.

602
울 명
N3

訓 なく　なる　ならす
鳴く (새, 벌레, 짐승 등이) 울다 鳴る 소리가 나다, 울리다
怒鳴る 소리치다 鳴らす 소리를 내다, 울리다

音 メイ
悲鳴 비명

새(鳥)는 입(口)으로 지저귀는 것에서 울다(鳴)라는 의미가 되었습니다. 사람이 눈물을 흘리며 울 때는 泣く, 동물이 소리내어 우는 것은 鳴く입니다.

603
怒
성낼 노
N2

訓 おこる　いかる
怒る 화내다, 성내다 怒り 분노

音 ド
怒鳴る 소리치다 激怒 격노, 분격, 매우 노함

604
비출 조
N2

訓 てる　てらす　てれる
照らす 비추다　照れる 수줍어하다　照り焼き 테리야끼

音 ショウ
照明 조명

해(日)를 부르고(召) 거기에 불(火)까지 더하여 비추다(照)라는 의미가 되었습니다.

605
놀랄 경
N1

訓 おどろく　おどろかす
驚く 놀라다　驚かす 깜짝 놀라게 하다

音 キョウ
驚異 경이　驚愕 경악

606
으를 협
N1

訓 おびやかす　おどす　おどかす
脅かす 위협하다, 협박하다　脅す 위협하다, 협박하다

音 キョウ
脅迫 협박

강한 힘(劦)이 몸(月=肉)을 위협하다(脅)는 의미입니다.

607
어렴풋할 황
N1

訓 あわてる　あわただしい
慌てる 당황하다, 허둥거리다

音 コウ
恐慌 공황　慌惚 황홀

608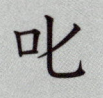
기릴 포
N1

訓 ほめる
褒める 칭찬하다

音 ホウ
ご褒美 상, 포상

609
꾸짖을 질
N1

訓 しかる
叱る 꾸짖다

音 シツ
叱責 질책

叱る(꾸짖다)와 責める(나무라다)는 유의어이고, 褒める(칭찬하다)는 반의어이니 함께 외워두세요.

610	꾸짖을 책 N2	訓 せめる 責める 나무라다 音 セキ 責任 책임	
611	사례할 사 N1	訓 あやまる 謝る 사과하다 音 シャ 感謝 감사 謝罪 사죄 慰謝料 위자료	謝る(사과하다)와 許す(용서하다)는 반의어로 함께 외워두세요.
612	허락할 허 N2	訓 ゆるす 許す 용서하다, 허용하다, 허락하다 音 キョ 許可 허가 免許 면허	気を許す는 '방심하다, 마음을 놓다'라는 뜻입니다.
613	 위로할 위 N1	訓 なぐさめる なぐさむ 慰める 위로하다, 달래다 音 イ 慰安 위안	
614	힘쓸 려 N1 勵	訓 はげます はげむ 励ます 격려하다 励む 힘쓰다 音 レイ 奨励 장려 激励 격려	
615	 한할 한 N1	訓 うらむ うらめしい 恨む 원망하다 恨み 원한 音 コン	

일본어 필수 어휘 쓰기

01 기뻐하다 よろこぶ
02 웃다 わらう
03 울다 なく
04 눈물 なみだ
05 (새가) 울다 なく
06 화내다 おこる
07 수줍어하다 てれる
08 놀라다 おどろく
09 위협하다 おどかす
10 당황하다 あわてる
11 칭찬하다 ほめる
12 꾸짖다 しかる
13 나무라다 せめる
14 사과하다 あやまる
15 용서하다 ゆるす
16 위로하다 なぐさめる
17 격려하다 はげます
18 원망하다 うらむ

일본어 한자 읽기

01 喜劇
02 悲鳴
03 怒鳴る
04 照明
05 脅迫
06 ご褒美
07 責任
08 謝罪
09 許可
10 激励

정답

일본어 필수 어휘 쓰기 1 喜ぶ 2 笑う 3 泣く 4 涙 5 鳴く 6 怒る 7 照れる 8 驚く 9 脅かす 10 慌てる 11 褒める 12 叱る 13 責める 14 謝る 15 許す 16 慰める 17 励ます 18 恨む

일본어 한자 읽기 1 きげき 2 ひめい 3 どなる 4 しょうめい 5 きょうはく 6 ごほうび 7 せきにん 8 しゃざい 9 きょか 10 げきれい

34. 연애

616

사모할 련 N2 戀

訓 こい　こいしい
- 恋 (이성과의) 사랑, 연애　恋人 애인　恋しい 그립다
- 初恋 첫사랑

音 レン
- 恋愛 연애　失恋 실연

> 恋는 이성과의 사랑과 연애를 뜻합니다. 그래서 '첫사랑'은 初恋, '애인'은 恋人라고 합니다.

617

사랑 애 N2

訓
音 アイ
- 愛 (이성을 포함한 포괄적 의미의) 사랑, 애정　愛情 애정
- 愛想 붙임성　無愛想 무뚝뚝함, 붙임성이 없음
- 愛きょう 애교　愛人 (내연관계의) 애인

> 愛는 이성을 포함한 포괄적인 모든 사랑과 애정을 의미합니다. 연인에게 하는 '사랑해'라는 말은 愛してる라고 하지만, 愛人이라는 단어는 내연관계의 이성을 의미하니 주의해서 사용하세요.

618

좋을 호 N4

訓 このむ　すく
- 好き 좋아함　好かれる 사랑받다　好み 취향
- お好み焼き 오코노미야키

音 コウ
- 好評 호평　格好 모습, 모양　大好物 가장 좋아하는 음식
- 絶好 절호　絶好調 몸 상태가 아주 좋음, 최상의 컨디션

619

싫어할 혐 N1 嫌

訓 きらう　いや
- 嫌い 싫어함　嫌われる 미움받다
- 好き嫌い 좋아하는 것과 싫어하는 것　嫌み 불쾌감을 주는 언동
- 嫌がらせ 일부러 남이 싫어하는 행동을 하는 것

音 ケン　ゲン
- 機嫌 심기, 기분　嫌悪 혐오

620

飽

배부를 포 N1 飽

訓 あきる　あかす
- 飽きる 질리다

音 ホウ
- 飽和 포화

621 告 알릴 고 N3

訓 つげる
告げる 고하다, 알리다

音 コク
告白 고백　告る 고백하다　広告 광고　予告 예고
警告 경고　報告 보고　忠告 충고　告発 고발

> '고백하다'는 告白する라고 하는데, 젊은 사람들은 이를 짧게 줄여서 告る라고도 많이 합니다.

622 付 부칠 부 N3

訓 つく　つける
付く 붙다, 생기다　思い付く 문득 생각이 떠오르다
付き合う 사귀다, 동행하다　付きまとう 계속 따라다니다, 늘 붙어다니다　付ける 붙이다, 달다, 착용하다
片付ける 정리하다　受付 접수

音 フ
添付 첨부

> 付き合う는 '사귀다'와 '같이 가다' 2가지 의미가 있는데, 付き合ってる人いる? 라고 하면 '사귀는 사람 있어?'라는 말이고, ちょっと付き合って라고 하면 '좀 같이 가자'라는 말이 됩니다.

623 片 조각 편 N2

訓 かた
片思い 짝사랑　片道 편도　片付ける 정리하다

音 ヘン
破片 파편

624 別 다를 별 N4

訓 わかれる
別れる 헤어지다, 이별하다　別れ 이별

音 ベツ
別に 별로　別々 따로따로, 각각　特別 특별　区別 구별
差別 차별　分別 분리　別人 딴사람　別荘 별장

625 差 어긋날 차 N3

訓 さす
差し上げる 드리다　差し入れ 일하는 사람에게 격려로 보내는 음식　日差し 햇살

音 サ
差別 차별　時差 시차　交差点 교차로　偏差値 편차치

626	振 떨친 진 N1	訓 ふる　ふるう 振る 흔들다, 휘두르다, (이성을) 차다　振られる (이성에게) 차이다 振り向く 돌아보다　振り返る 돌이켜보다 振り回す 휘두르다, 멋대로 다루다　振り込む 계좌에 돈을 넣다 音 シン 振動 진동　振興 진흥	腕を振るう는 '솜씨를 발휘하다', 棒に振る는 '(지금까지의 노력, 가치가 있는 것 등을) 헛되게 하다, 쓸모없게 하다'라는 뜻입니다.
627	待 기다릴 대 N4	訓 まつ 待つ 기다리다　待ち合わせ 약속하여 만나기로 함 待合室 대합실 音 タイ 期待 기대　招待 초대　接待 접대	待ちに待った~는 '기다리고 기다리던 ~', '학수고대하던~' 이라는 표현입니다.
628	会 모일 회 N5 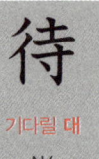	訓 あう 会う 만나다　出会う 우연히 만나다, 마주치다 音 カイ　エ 会議 회의　会話 회화　会社 회사　社会 사회 会計 회계, 계산서　教会 교회	일반적으로 '(사람을) 만나다'라고 할 때는 会う라고 하는데, '(우연히) 만나다'라고 할 때는 '만날 우'를 써서 遇う라고 합니다. 그리고 (남녀의) 만남을 강조할 때는 '만날 봉'자를 써서 逢う라고 해요. 마지막으로 '나쁜 일을 만나다(겪다, 당하다)'라고 할 때는 '만날 조'를 써서 遭う라고 하지요.
629	遭 만날 조 N1 	訓 あう 遭う (나쁜 일을) 만나다, 겪다, 당하다 音 ソウ 遭遇 조우　遭難 조난	
630	紹 이을 소 N2	訓 音 ショウ 紹介 소개	

631 介 낄 개 N2

訓
音 カイ

自己紹介 자기소개　仲介 중개　介抱 간병, 돌봄
厄介 귀찮음, 성가심

632 結 맺을 결 N3

訓 むすぶ　ゆう　ゆわえる
結ぶ 매다, 묶다

音 ケツ
結婚 결혼　結局 결국　結構 꽤, 제법　結果 결과
結論 결론　結合 결합

633 婚 혼인할 혼 N3

訓
音 コン

婚約 혼약, 약혼　結婚 결혼　離婚 이혼　再婚 재혼
新婚旅行 신혼여행

> 일본에서 짝이 없는 싱글들은 선을 보거나 단체미팅에 나가며 婚活를 하는데, 이는 結婚活動(결혼활동)의 줄임말입니다. 비슷한 표현으로는 '취직활동'을 의미하는 就活가 있습니다.

634 離 떠날 리 N1

訓 はなれる　はなす
離れる 떨어지다, 떠나다　離れ離れ 따로따로 떨어짐, 뿔뿔이 흩어짐　離す 떼다, 사이를 띄우다

音 リ
離婚 이혼　距離 거리

635 独 홀로 독 N2

訓 ひとり
独り 혼자　独りぼっち 외톨이　独り言 혼잣말

音 ドク
独身 독신　独立 독립　独占 독점　独特 독특　孤独 고독

> 一人는 단순히 한 명을 의미하지만, 独り는 '홀로'라는 뉘앙스가 있어서 좀 더 외로운 느낌이 드는 단어입니다.

636 身 몸 신 N3

訓 み
中身 알맹이, 속에 든 것, 실속　身内 친척, 일가　身分 신분
身元 신원　刺身 생선회

音 シン
身長 신장　全身 전신　出身 출신　独身 독신

> 身につく는 '몸에 익히다, 습득하여 제 것으로 만들다'라는 뜻이고, 身に余る는 '분에 넘치다, 과분하다'라는 뜻입니다.

일본어 필수 어휘 쓰기

01 사랑(연애) こい
02 사랑(애정) あい
03 좋아함 すき
04 싫어함 きらい
05 질리다 あきる
06 사귀다 つきあう
07 정리하다 かたづける
08 헤어지다 わかれる
09 별로 べつに
10 햇살 ひざし
11 차이다 ふられる
12 기다리다 まつ
13 만나다 あう
14 (나쁜 일을) 겪다 あう
15 매다 むすぶ
16 떨어지다 はなれる
17 외톨이 ひとりぼっち
18 알맹이 なかみ

일본어 한자 읽기

01 恋愛
02 格好
03 機嫌
04 告白
05 破片
06 差別
07 振動
08 期待
09 社会
10 遭難
11 紹介
12 結婚
13 距離
14 独身

> **정답**
> **일본어 필수 어휘 쓰기** 1 恋 2 愛 3 好き 4 嫌い 5 飽きる 6 付き合う 7 片付ける 8 別れる 9 別に 10 日差し 11 振られる 12 待つ 13 会う 14 遭う 15 結ぶ 16 離れる 17 独りぼっち 18 中身
> **일본어 한자 읽기** 1 れんあい 2 かっこう 3 きげん 4 こくはく 5 はへん 6 さべつ 7 しんどう 8 きたい 9 しゃかい 10 そうなん 11 しょうかい 12 けっこん 13 きょり 14 どくしん

35. 생사

637 生 날 생 N5

訓 いきる　いかす　いける　うまれる　うむ　おう
　はえる　はやす　なま

生きる 살다, 생존하다　生きがい 사는 보람
生かす 살리다, 활용하다　生まれる 태어나다
生える 나다, 자라다　生ビール 생맥주　生放送 생방송
生意気 건방짐　生々しい 생생하다

音 セイ　ショウ

生活 생활　生徒 학생　生理 생리　発生 발생
一生 평생　誕生日 생일　*生地 옷감, 천, 원단

풀이 땅 위로 자라 싹튼 모습을 본떠 태어나다(生)라는 의미가 되었습니다.

638 살 활 N3

訓

音 カツ

活動 활동　活躍 활약　活用 활용　生活 생활
部活 (학생들의) 클럽 활동

639 숨쉴 식 N3

訓 いき

息 숨　ため息 한숨　*息子 아들

音 ソク

利息 이자

코(自)와 가슴(心) 사이를 드나든다는 의미로 숨쉬다(息)를 뜻하게 되었습니다. 참고로 息が合う는 '호흡이 맞다', 息が詰まる는 '숨이 막히다'라는 뜻입니다.

640 목숨 명 N2

訓 いのち

命 목숨

音 メイ　ミョウ

命じる 명령하다　命令 명령　運命 운명　寿命 수명

641 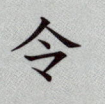 하여금 령 N2

訓

音 レイ

命令 명령　指令 지령　法令 법령

642

産 낳을 산 · N4

訓 うむ　うまれる
産む 낳다, 출산하다　*お土産(みやげ) 기념품, 선물

音 サン
産業(さんぎょう) 산업　生産(せいさん) 생산　出産(しゅっさん) 출산　財産(ざいさん) 재산
倒産(とうさん) 도산　破産(はさん) 파산　不動産(ふどうさん) 부동산

643

妊 아이 밸 임 · N1

訓

音 ニン
妊娠(にんしん) 임신　妊婦(にんぷ) 임부, 임산부　避妊(ひにん) 피임　不妊(ふにん) 불임

644

住 살 주 · N4

訓 すむ　すまう
住む 살다, 거주하다

音 ジュウ
住所(じゅうしょ) 주소　住民(じゅうみん) 주민　住宅(じゅうたく) 주택

645

暮 저물 모 · N2

訓 くらす　くれる
暮らす 지내다, 생활하다　一人暮(ひとりぐ)らし 독립 생활, 독신 생활

音 ボ
歳暮(せいぼ) 연말

> 해(日)가 저무는(莫) 것을 의미하는 한자로 날이 저물다(暮)라는 의미입니다.

646

育 기를 육 · N3

訓 そだつ　そだてる
育つ 자라다, 성장하다　育てる 기르다, 키우다, 양육하다

音 イク
教育(きょういく) 교육　発育(はついく) 발육　育児(いくじ) 육아

647

飼 먹일 사 · N1

訓 かう
飼う (동물을) 기르다　飼(か)い主(ぬし) (동물) 주인

音 シ
飼育(しいく) 사육　飼料(しりょう) 사료

> 동물의 음식(食)을 담당하고(司) 있다는 데서 동물을 사육하다, 기르다(飼)라는 의미가 되었습니다.

일본어 한자 암기비법 1200

648 **死** 죽을 사 N4
- 訓 しぬ
  - 死ぬ 죽다　死神(しにがみ) 사신, 죽음의 신
- 音 シ
  - 死亡(しぼう) 사망　死体(したい) 시체　必死(ひっし) 필사

649 **殺** 죽일 살 N2 殺
- 訓 ころす
  - 殺す 죽이다　人殺(ひとごろ)し 살인자
- 音 サツ　サイ　セツ
  - 殺人(さつじん) 살인　自殺(じさつ) 자살　暗殺(あんさつ) 암살　殺到(さっとう) 쇄도

650 **害** 해할 해 N2
- 訓
- 音 ガイ
  - 殺害(さつがい) 살해　被害(ひがい) 피해　損害(そんがい) 손해　公害(こうがい) 공해
  - 害虫(がいちゅう) 해충　障害(しょうがい) 장애

651 **被** 입을 피 N2
- 訓 こうむる
  - 被(こうむ)る (손해 등을) 입다, (신세 등을) 지다
- 音 ヒ
  - 被害者(ひがいしゃ) 피해자

> 사람이 몸에 옷(衣)이나 가죽(皮)을 걸친다는 것에서 입다, 걸치다(被)라는 의미를 갖게 되었습니다.

652 **損** 덜 손 N2
- 訓 そこなう　そこねる
  - 損(そこ)なう 놓치다, 잘못 〜하다, 〜할 뻔하다
- 音 ソン
  - 損(そん) 손해　損害(そんがい) 손해　損失(そんしつ) 손실　破損(はそん) 파손

653 **亡** 망할 망 N3
- 訓 ない　なくす
  - 亡(な)くなる 돌아가시다　亡(な)き人(ひと) 망인, 고인
- 音 ボウ　モウ
  - 死亡(しぼう) 사망　滅亡(めつぼう) 멸망　亡者(もうじゃ) 망자, 죽은 사람

654
구원할 구 N3

訓 すくう
救う 구하다, 구제하다, 살리다

音 キュウ
救急車 구급차　救助 구조

655
도울 조 N3

訓 たすける　たすかる
助ける 구하다, 살리다, 돕다　助かる 목숨을 건지다, 도움이 되다

音 ジョ
援助 원조　助言 조언　助手 조수　補助金 보조금

救うは 命を救う처럼 '(목숨을) 구하다'라는 의미로 주로 쓰이고, 助けるは '구하다'라는 의미와 '돕다'라는 의미로도 쓰입니다. 그래서 助けて!라고 하면 '사람 살려!'가 되고, 곤란해하던 사람이 도움을 받고 ああ、助かった라고 하면 '아, 이제 살았다(안심이다)'라는 뜻이 됩니다.

656
있을 존 N3

訓

音 ソン　ゾン
存在 존재　保存 보존　依存 의존　ご存じ 잘 아심

657
있을 재 N3

訓 ある

音 ザイ
存在 존재　現在 현재　在庫 재고　在日 재일교포
不在 부재

658
끼칠 유 N1　遺

訓

音 イ　ユイ
遺産 유산　遺族 유족　遺伝 유전　遺言 유언

659
무덤 묘 N1

訓 はか
墓 묘, 무덤　墓参り 성묘　墓場 묘지

音 ボ
墓地 묘지

일본어 필수 어휘 쓰기

01 살다 いきる

02 숨 いき

03 목숨 いのち

04 낳다 うむ

05 살다 すむ

06 지내다 くらす

07 자라다 そだつ

08 기르다 かう

09 죽다 しぬ

10 죽이다 ころす

11 돌아가시다 なくなる

12 구하다 すくう

13 살리다 たすける

14 묘 はか

일본어 한자 읽기

01 生活

02 利息

03 命令

04 生産

05 妊娠

06 住所

07 飼育

08 死亡

09 殺人

10 被害者

11 損

12 救急車

13 援助

14 存在

15 遺産

정답

일본어 필수 어휘 쓰기 1 生きる 2 息 3 命 4 産む 5 住む 6 暮らす 7 育つ 8 飼う 9 死ぬ 10 殺す 11 亡くなる 12 救う 13 助ける 14 墓

일본어 한자 읽기 1 せいかつ 2 りそく 3 めいれい 4 せいさん 5 にんしん 6 じゅうしょ 7 しいく 8 しぼう 9 さつじん 10 ひがいしゃ 11 そん 12 きゅうきゅうしゃ 13 えんじょ 14 そんざい 15 いさん

36. 건강

660

痛 아플 통 N3

訓 いたい いたむ いためる
痛い 아프다 痛み 아픔, 괴로움

音 ツウ
頭痛 두통 苦痛 고통

661

治 다스릴 치 N3

訓 なおる なおす おさまる おさめる
治る (병이) 낫다 治まる 진정되다, 가라앉다

音 チ ジ
治療 치료 治安 치안 政治 정치

662

療 병고칠 료 N2

訓
音 リョウ
治療 치료 医療 의료 診療 진료

663

癒 병나을 유 N1 癒

訓 いやす いえる
癒す 치유하다, 평안하게 하다 癒し系 치유계(평안함을 느끼게 하는 사람이나 물건)

音 ユ
治癒 치유 癒着 유착

664

病 병 병 N4

訓 やむ やまい
病 병

音 ビョウ ヘイ
病気 병 病院 병원 看病 간병 仮病 꾀병
臆病 겁쟁이

> 일본에는 '겁쟁이'를 뜻하는 말이 많은데, 臆病 외에도 弱虫, 意気地なし, 腰抜け 등이 있습니다.

665

院

집 원
N4

訓

音 イン
病院 병원　入院 입원　退院 퇴원　大学院 대학원

666

医

의원 의
N4 醫

訓

音 イ
医者 의사　医師 의사　医学部 의학부
医科大学 의과대학　医療 의료

667

者

놈 자
N4 者

訓 もの
若者 젊은이

音 シャ
学者 학자　記者 기자　視聴者 시청자　保護者 보호자
患者 환자　忍者 닌자

668

看

볼 간
N2

訓

音 カン
看護師 간호사　看病 간병　看板 간판

669

薬

약 약
N4 藥

訓 くすり
薬 약　薬屋 약국　目薬 안약

音 ヤク
薬品 약품　薬局 약국　頭痛薬 두통약
製薬会社 제약회사

약초(艹)를 먹고 몸이 편안해(楽)졌다는 것에서 약(薬)을 의미합니다.

670

局 판국 N3

訓
音 キョク
けっきょく 結局 결국　ゆうびんきょく 郵便局 우체국　ほうそうきょく 放送局 방송국　やっきょく 薬局 약국

671

元 으뜸 원 N4

訓 もと
もと 元 원래, 전, 이전　じもと 地元 그 지방, 자신이 살고 있는 지역
みもと 身元 신원

音 ゲン　ガン
げんき 元気 건강함, 기운　げんそ 元素 원소　がんじつ 元日 설날

672

気 기운 기 N5

訓
音 キ　ケ
きもち 気持ち 기분 느낌　きぶん 気分 컨디션 몸 상태　きづく 気付く 알아차리다
きまぐれ 気まぐれ 변덕　きくばり 気配り 배려　げんき 元気 건강함, 기운
きあい 気合 기합　へいき 平気 아무렇지도 않음, 끄떡없음　にんき 人気 인기
でんき 電気 전기　ほんき 本気 진심　くうき 空気 공기　ふんいき 雰囲気 분위기
けいき 景気 경기　けはい 気配 기척　ねむけ 眠気 졸음　なにげに 何気に 아무렇지도 않게, 태연하게, 무심코

일본에는 気가 들어가는 숙어가 굉장히 많은데, 気が乗る는 '마음이 내키다', 気が向く는 '할 마음이 들다', 気が合う는 '마음이 맞다'입니다.

673

健 굳셀 건 N2

訓 すこやか
すこやか 健やか 건강함

音 ケン
けんこう 健康 건강　ほけんじょ 保健所 보건소　けんぜん 健全 건전

674

康 편안할 강 N2

訓
音 コウ
けんこう 健康 건강

675
상처 상
N1

訓 きず　いたむ　いためる
傷 상처, 흠집　傷つく 상처를 입다
傷つける 상처를 입히다　*火傷 화상

音 ショウ
重傷 중상

676
피곤할 피
N3

訓 つかれる　つからす
疲れる 지치다, 피로해지다

音 ヒ
疲労 피로

677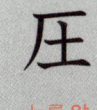
넘어질 도
N2

訓 たおれる　たおす
倒れる 쓰러지다　倒す 쓰러뜨리다, 자빠뜨리다

音 トウ
倒産 도산　圧倒 압도　面倒 귀찮음, 돌봄

678
누를 압
N2　壓

訓
音 アツ
圧力 압력　気圧 기압　血圧 혈압　圧倒的 압도적
圧縮 압축

679
醉
취할 취
N1　醉

訓 よう
酔う 취하다, 멀미하다　酔っぱらう 만취하다
二日酔い 숙취

音 スイ
麻酔 마취　陶酔 도취

680
미칠 광
N1

訓 くるう　くるおしい
狂う 미치다

音 キョウ
熱狂 열광　狂気 광기

179

681 **回** 돌 회 N4
訓 まわる まわす
回る 돌다　回す 돌리다　回り道 길을 돌아서 감
遠回し 에둘러 말함
音 カイ
回復 회복　回転 회전　今回 이번　一回 한 번

> 急がば回れ는 '급할수록 돌아가라', 首が回らない는 '빚이 많아 옴짝달싹 못하다'라는 뜻입니다.

682 **復** 돌아올 복, 다시 부 N3
訓
音 フク
復習 복습　復讐 복수　回復 회복　往復 왕복
復活 부활

683 **胃** 밥통 위 N2
訓
音 イ
胃 위　胃腸 위장　胃炎 위염

684 **臓** 오장 장 N2
訓
音 ゾウ
臓器 장기　内臓 내장　心臓 심장

> 몸(月) 속에 감추어진(蔵) 오장(臓)이라는 뜻이에요.

685 **脳** 골 뇌 N2
訓
音 ノウ
脳 뇌　脳みそ 뇌　頭脳 두뇌　首脳 수뇌　洗脳 세뇌

686 **毒** 독할 독 N2
訓
音 ドク
毒 독　気の毒 딱함, 가엾음　中毒 중독　消毒 소독

일본어 필수 어휘 쓰기

01 아프다 いたい
02 (병이) 낫다 なおる
03 치유하다 いやす
04 젊은이 わかもの
05 약 くすり
06 그 지방 じもと
07 건강함 すこやか
08 상처 きず
09 지치다 つかれる
10 쓰러지다 たおれる
11 취하다 よう
12 미치다 くるう
13 돌다 まわる

일본어 한자 읽기

01 苦痛
02 治療
03 病院
04 医者
05 看護師
06 薬局
07 元気
08 気持ち
09 健康
10 重傷
11 疲労
12 圧倒的
13 麻酔
14 回復
15 胃
16 心臓
17 脳
18 毒

정답

일본어 필수 어휘 쓰기 1 痛い 2 治る 3 癒す 4 若者 5 薬 6 地元 7 健やか 8 傷 9 疲れる 10 倒れる 11 酔う 12 狂う 13 回る

일본어 한자 읽기 1 くつう 2 ちりょう 3 びょういん 4 いしゃ 5 かんごし 6 やっきょく 7 げんき 8 きもち 9 けんこう 10 じゅうしょう 11 ひろう 12 あっとうてき 13 ますい 14 かいふく 15 い 16 しんぞう 17 のう 18 どく

37. 교육

687 教 가르칠 교 N4 [教]
- 訓 おしえる　おそわる
  - 教える 가르치다　教わる 가르침을 받다, 배우다
- 音 キョウ
  - 教育 교육　教室 교실　教科書 교과서　教師 교사
  - 説教 설교　宗教 종교　仏教 불교　教会 교회

688 室 집 실 N4
- 訓
- 音 シツ
  - 教室 교실　室内 실내　会議室 회의실　研究室 연구실

689 師 스승 사 N3
- 訓
- 音 シ
  - 教師 교사　医師 의사　看護師 간호사　美容師 미용사

690 徒 무리 도 N2
- 訓
- 音 ト
  - 生徒 학생　徒歩 도보　信徒 신도

691 授 줄 수 N3
- 訓 さずける　さずかる
  - 授ける 수여하다, 전수하다
- 音 ジュ
  - 授業 수업　教授 교수

692 訓 가르칠 훈 N2
- 訓
- 音 クン
  - 訓練 훈련　教訓 교훈　訓読み 훈독

일본어 한자는 訓読み(훈독)과 音読み(음독) 2가지 읽는 방법이 있습니다.

693 練 익힐 련 N3

訓 ねる
練る 반죽하다, 다듬다

音 レン
練習 연습　訓練 훈련　未練 미련　試練 시련

694 習 익힐 습 N4

訓 ならう
習う (누군가로부터) 배우다, (기술/방법을) 배우다　見習う 보고 배우다, 본받다

音 シュウ
練習 연습　習慣 습관　実習 실습

695 慣 버릇 관 N2

訓 なれる　ならす
慣れる 익숙해지다

音 カン
習慣 습관

> 習うより慣れよ는
> '배워서 알기보다 스스로 경험하여 익혀라'라는 말입니다.

696 留 머무를 류 N3

訓 とめる　とまる
留める 고정시키다, 꽂다, 붙잡아두다

音 リュウ　ル
留学生 유학생　留年 유급　留守 집을 비움, 집에 없음
留守番 남의 빈 집을 지켜줌　留守電 부재중의 메시지, 자동응답전화

697 学 배울 학 N5 學

訓 まなぶ
学ぶ (지식을) 배우다, (경험에서) 배우다, (혼자서) 익히다

音 ガク
学校 학교　学院 학교(특히 사립학교)　学生 학생　学歴 학력
大学 대학　入学 입학　進学 진학　奨学金 장학금

> 위에 나왔던 習う는 '(누군가로부터) 배우다'란 의미이고, 学ぶ는 '지식이나 기술을 몸으로 익히다'란 의미입니다. 간단히 말하면 '배우다'와 '익히다'가 되겠습니다.

698 校 가르칠 교 N5

訓

音 コウ
小学校 초등학교　高校生 고등학생　転校 전학
校長 교장　予備校 입시 학원

699
과목 과
N3

訓
音 カ
学科 학과　科目 과목　科学 과학　教科書 교과서
内科 내과

700
오로지 전
N3　専

訓 もっぱら
音 セン
専攻 전공　専門 전문　専念 전념

701
문 문
N4

訓 かど
門松 새해에 문앞에 세우는 장식 소나무
音 モン
門 문　門限 통금　専門 전문

702
받을 수
N3

訓 うける　うかる
受ける 받다, 응하다　受かる (시험에) 합격하다
受け取る 받다, 수취하다　受付 접수　受身 수동
受け止める 받아내다, 받아들이다

音 ジュ
受験生 수험생, 입시생　受話器 수화기　受信 수신

703
시험할 험
N4　験

訓
音 ケン
試験 시험　経験 경험　受験 수험　実験 실험
体験 체험

> 보통 합격과 불합격을 결정하는 선발 성격의 시험을 試験이라고 하고, 학교나 일상에서 종종 치르는 작은 시험은 テスト라고 합니다.

704
힘쓸 면
N4

訓
音 ベン
勉強 공부　勤勉 근면

705 宿 (묵을 숙) N3
訓 やど やどる やどす
やど 宿 집, 숙소
音 シュク
しゅくだい 宿題 숙제 / がっしゅく 合宿 합숙 / げしゅく 下宿 하숙 / しんじゅく 新宿 신주쿠
はらじゅく 原宿 하라주쿠

706 題 (제목 제) N4
訓
音 ダイ
しゅくだい 宿題 숙제 / もんだい 問題 문제 / わだい 話題 화제 / しゅだい 主題 주제
のみほうだい 飲み放題 마음껏 마심

> 식당에서 일정한 금액을 내고 마음껏 음식을 먹는 것을 食べ放題(たべほうだい), 술이나 음료를 마음껏 마시는 것을 飲み放題(のみほうだい)라고 합니다.

707 課 (매길 과) N3
訓
音 カ
かだい 課題 과제 / かてい 課程 (학업의) 과정, 코스 / かちょう 課長 과장

708 講 (외울 강) N2
訓
音 コウ
こうぎ 講義 강의 / きゅうこう 休講 휴강 / こうえん 講演 강연 / こうざ 講座 강좌
こうどう 講堂 강당

709 義 (옳을 의) N1
訓
音 ギ
ぎむ 義務 의무 / せいぎ 正義 정의 / しゅぎ 主義 주의 / こうぎ 講義 강의
めいぎ 名義 명의 / ぎりチョコ 義理チョコ 밸런타인데이에 친분으로 주는 초콜릿

710 卒 (마칠 졸) N2
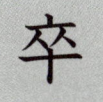
訓
音 ソツ
そつぎょう 卒業 졸업 / こうそつ 高卒 고졸 / だいそつ 大卒 대졸 / そっとう 卒倒 졸도

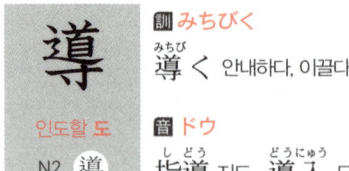

711 導 인도할 도 N2
訓 みちびく
導く 안내하다, 이끌다
音 ドウ
指導 지도 導入 도입

일본어 필수 어휘 쓰기

01 가르치다 おしえる
02 배우다 ならう
03 익숙해지다 なれる
04 고정시키다 とめる
05 익히다 まなぶ
06 받다 うけとる

일본어 한자 읽기

01 教室
02 教師
03 生徒
04 授業
05 訓練
06 習慣
07 留学
08 学校
09 科目
10 専門
11 受験
12 勉強
13 宿題
14 課長
15 講義
16 卒業
17 指導

정답

일본어 필수 어휘 쓰기 1 教える 2 習う 3 慣れる 4 留める 5 学ぶ 6 受け取る

일본어 한자 읽기 1 きょうしつ 2 きょうし 3 せいと 4 じゅぎょう 5 くんれん 6 しゅうかん 7 りゅうがく 8 がっこう 9 かもく 10 せんもん 11 じゅけん 12 べんきょう 13 しゅくだい 14 かちょう 15 こうぎ 16 そつぎょう 17 しどう

38. 글, 책

712
論 논할 론 N2

訓
音 ロン
論文 논문　論理 논리　議論 의논　結論 결론
口論 언쟁, 말다툼

713
文 글월 문 N4

訓 ふみ
文 문서, 편지

音 ブン　モン
文学 문학　文化 문화　文法 문법　文房具 문방구
文句 불평　*文字 글자

714
章 글 장 N2

訓
音 ショウ
文章 문장

715 化 될 화 N3

訓 ばける　ばかす
お化け 귀신, 도깨비　化け物 괴물, 요괴

音 カ　ケ
化学 화학　文化 문화　変化 변화　進化 진화
悪化 악화　化粧 화장

716
漢 한수 한 N4 漢

訓
音 カン
漢字 한자　漢方薬 한방약　痴漢 치한

717 字 글자 자 N4

訓

音 ジ

文字 글자　数字 숫자　漢字 한자　字幕 자막
名字 성　赤字 적자　黒字 흑자

일본에서 격식을 차리거나 덜 친한 사이에는 성(名字)으로 부르고, 친한 사이에는 이름(名前)으로 부릅니다. 그런데 그냥 名前라고 하면 '성'과 '이름'을 포함한 풀네임을 의미할 수도 있기 때문에 '성'을 뺀 이름만 의미할 때는 下の名前라고 합니다. 그래서 下の名前で呼んでいい？라고 하면 "이름으로 불러도 돼?"라는 의미가 되죠.

718 副 버금 부 N2

訓

音 フク

副詞 부사　副作用 부작용　副社長 부사장

719 詞 말 사 N2

訓

音 シ

歌詞 가사　作詞 작사　動詞 동사　名詞 명사
形容詞 형용사　副詞 부사

720 基 터 기 N2

訓 もとづく　もと　もとい

基づく 의거하다, 근거하다

音 キ

基本 기본　基礎 기초　基準 기준

721 本 근본 본 N5

訓 もと

音 ホン

本 책　本当 정말　本気 진심　本音 본심, 속마음
本能 본능　本物 진짜, 진품　本人 본인　本来 본래, 원래
基本 기본　日本 일본　本棚 책장　本格的 본격적
本場 본고장　見本 견본, 본보기

나무(木)에 뿌리(一)를 표시함으로써 근본(本)을 의미합니다.

722 冊 책 책 N3

訓

音 サツ

一冊 한 권　二冊 두 권　冊子 책자, 서적

723 **紙** 종이 지 N4
訓 かみ
紙 종이　手紙 편지　貼り紙 벽보
音 シ
用紙 용지　表紙 표지　包装紙 포장지

발음이 같은 단어가 한자에 따라 뜻이 달라지는데, 紙는 '종이', 髪는 '머리(카락)', 神는 '신'입니다.

724 **袋** 자루 대 N3
訓 ふくろ
袋 봉지, 자루　手袋 장갑　紙袋 종이 봉지
ビニール袋 비닐 봉지
音 タイ

725 **筆** 붓 필 N2
訓 ふで
筆 붓
音 ヒツ
鉛筆 연필　万年筆 만년필

옛날에는 붓(聿)을 대나무(竹)로 만들어 사용했으므로, 두 한자를 합하여 붓을 손에 든 모습을 나타내어 붓(筆)을 의미하게 되었습니다.

726 **記** 기록할 기 N3
訓 しるす
記す 적다, 기록하다, 명심하다
音 キ
記憶 기억　記念日 기념일　記事 기사　記者 기자
記入 기입　日記 일기　暗記 암기

727 **録** 기록할 록 N3
訓
音 ロク
記録 기록　登録 등록　録音 녹음　録画 녹화

728 **刊** 새길 간 N2
訓
音 カン
刊行 간행　月刊 월간　週刊 주간　日刊 일간

729

기록할 지
N2

訓
音 シ

雑誌 잡지　週刊誌 주간지

> 말(言)을 기록하니(志) 기록하다(誌)라는 의미가 됩니다.

730

나타날 저
N2

訓 あらわす　いちじるしい
著しい 현저하다, 두드러지다

音 チョ
著者 저자　著作権 저작권

731

판목 판
N2

訓

音 ハン
版権 판권　出版 출판　絶版 절판　海賊版 해적판

732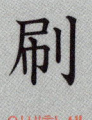

도장 인
N2

訓 しるし
印 표시　矢印 화살표　目印 표시

音 イン
印象 인상　印刷 인쇄　印鑑 인감

733

인쇄할 쇄
N2

訓 する
刷る 인쇄하다

音 サツ
印刷 인쇄

일본어 필수 어휘 쓰기

01 귀신　おばけ
02 종이봉투　かみぶくろ
03 붓　ふで
04 표시　しるし

일본어 한자 읽기

01 論理
02 文化
03 漢字
04 副詞
05 基本
06 一冊
07 表紙
08 鉛筆
09 記録
10 週刊誌
11 著作権
12 出版
13 印刷

정답

일본어 필수 어휘 쓰기　1 お化け　2 紙袋　3 筆　4 印

일본어 한자 읽기　1 ろんり　2 ぶんか　3 かんじ　4 ふくし　5 きほん　6 いっさつ　7 ひょうし　8 えんぴつ　9 きろく　10 しゅうかんし　11 ちょさくけん　12 しゅっぱん　13 いんさつ

39. 거래

734 買 　살 매　N5
- 訓 かう
  - 買う 사다　買い物 쇼핑, 장보기
- 音 バイ
  - 買収 매수　購買 구매

735 売　팔 매　N4　賣
- 訓 うる　うれる
  - 売る 팔다　売り切れ 품절, 매진　売り上げ 매상
- 音 バイ
  - 売店 매점　売春 매춘　販売 판매　商売 장사

> 산(買) 물건이 나간다 (出=士)는 데서 팔다 (賣)라는 의미가 되었습니다.

736 販　팔 판　N3
- 訓
- 音 ハン
  - 販売 판매　通販 통신판매, 홈쇼핑　自販機 자판기

> 돈(貝)을 받고 그에 상응하는 물건을 돌려주다(反)로 해석되어 팔다(販)라는 의미가 됩니다.

737 払　떨칠 불　N3　拂
- 訓 はらう
  - 払う 돈을 내다, 지불하다　支払い 지불, 지급
  - 前払い 선불　着払い 착불
- 音 フツ

738 稼　심을 가　N1
- 訓 かせぐ
  - 稼ぐ (일 해서) 돈을 벌다, (시간 등을) 벌다
- 音 カ

739 店　가게 점　N5
- 訓 みせ
  - 店 가게
- 音 テン
  - 店長 점장　店員 점원　本店 본점　売店 매점

> 지붕(广) 밑에서 자리를 차지하고(占) 물건을 파는 곳이라는 것에서 가게, 점포(店)를 의미합니다.

740

商
장사 상
N3

訓 あきなう
商う 장사하다, 거래하다

音 ショウ
商売 장사　商品 상품　商店街 상점가　商社 상사
商業 상업

商い三年이라는 말이 있는데, 장사로 이익을 올리는 데 3년은 걸리니 '힘들어도 3년은 견뎌라'는 말입니다.

741

品
물건 품
N4

訓 しな
品物 물건, 상품　品切れ 품절　手品 마술

音 ヒン
商品 상품　部品 부품　作品 작품　化粧品 화장품
上品 품위가 있음, 고상함　下品 품위가 없음, 천함

742

賞
상줄 상
N3

訓

音 ショウ
賞金 상금　賞品 상품　入賞 입상　鑑賞 감상

743

客
손 객
N3

訓

音 キャク　カク
客 손님　乗客 승객　客室 객실　観光客 관광객
観客 관객　客観的 객관적

744

価
값 가
N3 (價)

訓 あたい

音 カ
価値 가치　価格 가격　高価 고가　物価 물가
評価 평가

745 値 값 치 N3
- 訓 ね　あたい
  - 値段 값, 가격　値札 가격표　値上げ 가격 인상　値 값, 가치
- 音 チ
  - 価値 가치　数値 수치　偏差値 편차치

746 段 구분 단 N3
- 訓
- 音 ダン
  - 値段 값, 가격　普段 평소　手段 수단　段階 단계
  - 階段 계단　段取り 순서, 절차

747 階 섬돌 계 N3
- 訓 カイ
- 音 カイ
  - 階段 계단　段階 단계　3階 3층

748 円 둥글 원 N5 圓
- 訓 まるい
- 音 エン
  - 100円ショップ 백엔숍　1000円 천엔　1万円 만엔
  - 円滑 원활함　円満 원만

749 札 패 찰 N2
- 訓 ふだ
  - 値札 가격표　花札 화투
- 音 サツ
  - 1万円札 만 원권　改札口 개찰구　札幌 삿포로(지명)

750 玉 구슬 옥 N2
- 訓 たま
  - 水玉 물방울　シャボン玉 비눗방울　玉ねぎ 양파
  - 100円玉 백엔짜리 동전　お年玉 세뱃돈
- 音 ギョク
  - 玉砕 옥쇄

3개의 구슬을 엮어서 통과시킨 모습에서 구슬(玉)을 의미하게 되었습니다.

751
銀 은 은 / N4
訓
音 ギン
銀行 은행　銀メダル 은메달　銀座 긴자(지명)
銀河鉄道999 은하철도 999

752
領 거느릴 령 / N2
訓
音 リョウ
領収書 영수증　大統領 대통령　領域 영역　横領 횡령

753
収 거둘 수 / N2
訓 おさめる　おさまる
収める 넣다, 얻다
音 シュウ
収入 수입　回収 회수　収容 수용　年収 연봉, 연수입
吸収 흡수　領収書 영수증

754
釣 낚시 조 / N1
訓 つる
釣り 낚시　お釣り 거스름돈, 잔돈　釣り合い 균형, 조화
音 チョウ

755
貿 무역할 무 / N3
訓
音 ボウ
貿易 무역

756
易 바꿀 역, 쉬울 이 / N3
訓 やさしい
易しい 쉽다
音 エキ　イ
貿易 무역　容易 용이, 손쉬움　難易度 난이도

> 領収書는 대금을 받은 사실을 증명하기 위해 발행하는 서류인데, 일본에서는 슈퍼나 편의점의 금전등록기에서 자동으로 나오는 조그만 영수증은 レシート라고 구분해서 부릅니다. 회사에서 지출 증빙을 하려면 領収書가 있어야 합니다.

757 容 얼굴 용 N3
訓
音 ヨウ
容易(ようい) 용이, 손쉬움　内容(ないよう) 내용　美容師(びようし) 미용사
容器(ようき) 용기　容疑者(ようぎしゃ) 용의자　形容詞(けいようし) 형용사

758 輸 보낼 수 N3 (輸)
訓
音 ユ
輸入(ゆにゅう) 수입　輸出(ゆしゅつ) 수출　輸送(ゆそう) 수송　輸血(ゆけつ) 수혈

759 条 가지 조 N2 (條)
訓
音 ジョウ
条件(じょうけん) 조건　条約(じょうやく) 조약

760 件 사건 건 N3
訓
音 ケン
事件(じけん) 사건　用件(ようけん) 용건　条件(じょうけん) 조건　人件費(じんけんひ) 인건비

일본어 필수 어휘 쓰기

01 사다 かう
02 팔다 うる
03 지불하다 はらう
04 돈을 벌다 かせぐ
05 가게 みせ
06 품절 しなぎれ
07 값 ねだん
08 가격표 ねふだ
09 물방울 みずたま
10 거스름돈 おつり

일본어 한자 읽기

01 買収
02 販売
03 店長
04 商品
05 賞金
06 客
07 価値
08 階段
09 円満
10 改札口
11 銀行
12 領収書
13 貿易
14 容易
15 輸入
16 条件

정답

일본어 필수 어휘 쓰기 1 買う 2 売る 3 払う 4 稼ぐ 5 店 6 品切れ 7 値段 8 値札 9 水玉 10 お釣り

일본어 한자 읽기 1 ばいしゅう 2 はんばい 3 てんちょう 4 しょうひん 5 しょうきん 6 きゃく 7 かち 8 かいだん 9 えんまん 10 かいさつぐち 11 ぎんこう 12 りょうしゅうしょ 13 ぼうえき 14 ようい 15 ゆにゅう 16 じょうけん

40. 일

761
섬길 사
N4

訓 つかえる
仕える 섬기다

音 シ ジ
仕事 일 仕方ない 어쩔 수 없다 仕上げ 마무리, 완성
仕送り 생활비나 학비를 보내줌 仕返し 복수
仕掛ける 장치하다, 설치하다

762
일 사
N4

訓 こと
仕事 일 見事 훌륭함, 멋짐

音 ジ ズ
事件 사건 事故 사고 事態 사태 事情 사정
食事 식사 用事 볼일, 용무 返事 대답, 답장 刑事 형사
無事 무사함 工事 공사 事業 사업

763
연고 고
N3

訓 ゆえ
故 까닭, 이유

音 コ
事故 사고 故意 고의 故郷 고향 故障 고장

764
막힐 장
N1

訓 さわる
障る 지장을 초래하다, 방해가 되다 目障り 눈에 거슬림

音 ショウ
故障 고장 保障 보장 障害 장애 支障 지장

765
働
일할 동
N4 일본한자

訓 はたらく
働く 일하다 共働き 맞벌이

音 ドウ
労働 노동

766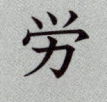
일할 로
N3 (勞)

訓
音 ロウ
苦労 고생　労働 노동　過労 과로　疲労 피로

767
쉴 휴
N5

訓 やすむ　やすまる　やすめる
休む 쉬다　昼休み 점심시간　夏休み 여름방학
音 キュウ
休憩 휴식　休日 휴일　定休日 정기 휴일　休暇 휴가
休講 휴강

사람(人)이 나무(木) 밑에서 쉰다(休)는 의미입니다.

768
게으를 태
N1

訓 なまける　おこたる
怠ける 게으름 피우다　怠け者 게으름뱅이
怠る 게을리하다, 소홀히 하다
音 タイ
怠慢 태만

769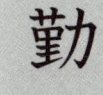
부지런할 근
N3 (勤)

訓 つとめる　つとまる
勤める 근무하다　勤め先 근무처
音 キン
出勤 출근　勤務 근무　転勤 전근

발음은 같지만 勤める는 '근무하다'라는 뜻, '힘쓸 노'가 들어간 努める는 '애쓰다, 노력하다'라는 뜻, '힘쓸 무'가 들어간 務める는 '역을(임무를) 맡다'라는 뜻입니다.

770
부릴 역
N3

訓
音 ヤク　エキ
役立つ 유용하다, 도움이 되다　役割 역할　役目 임무
役者 배우　主役 주역　役員 임원, 중역
役人 공무원, 관리　役所 관청, 관공서　使役 사역

771 辞 말씀 사 N3 [辭]
- 訓 やめる
  - 辞める 그만두다, 사직하다
- 音 ジ
  - 辞書 사전　辞表 사표　お世辞 겉치렛말

772 職 벼슬 직 N3
- 訓
- 音 ショク
  - 職場 직장　職業 직업　就職 취직　転職 전직, 이직

773 業 업 업 N4
- 訓 わざ
- 音 ギョウ
  - 作業 작업　残業 잔업　企業 기업　職業 직업
  - 業界 업계　授業 수업　卒業 졸업　事業 사업

774 績 길쌈할 적 N2
- 訓
- 音 セキ
  - 業績 업적　実績 실적　成績 성적

775 提 끌 제 N1
- 訓 さげる
- 音 テイ
  - 提供 제공　提出 제출　提案 제안　前提 전제

776 供 이바지할 공 N2
- 訓 そなえる　とも
  - 供える 바치다, 올리다　子供 아이
- 音 キョウ　ク
  - 供給 공급　提供 제공

共(공)은 두 손으로 물건을 바치는 모양인데, 여기에 의미가 더해져 사람(人)이 두 손으로 (共) 물건을 공손하게 바친다, 또는 받들어 모신다(供)는 의미가 되었습니다.

일본어 필수 어휘 쓰기

01 일 しごと
02 일하다 はたらく
03 쉬다 やすむ
04 게으름 피우다 なまける
05 근무하다 つとめる
06 그만두다 やめる

일본어 한자 읽기

01 仕方ない
02 事故
03 故障
04 労働
05 休憩
06 出勤
07 役目
08 辞表
09 職業
10 実績
11 提供

정답

일본어 필수 어휘 쓰기 1 仕事 2 働く 3 休む 4 怠ける 5 勤める 6 辞める

일본어 한자 읽기 1 しかたない 2 じこ 3 こしょう 4 ろうどう 5 きゅうけい 6 しゅっきん 7 やくめ 8 じひょう 9 しょくぎょう 10 じっせき 11 ていきょう

PART 03

일본어 한자 마스터

41. 회사

777 社 / 모일 사 / N5

訓 やしろ
社 신사

音 シャ
社会 사회　会社 회사　社員 사원　社長 사장
商社 상사　神社 신사

778 員 / 인원 원 / N4

訓
音 イン
社員 사원　従業員 종업원　店員 점원　全員 전원
公務員 공무원　満員電車 만원전철

생계(口)를 위해 돈(貝)을 받고 일하는 사람이라는 것에서 관원, 수효(員)를 의미하게 되었습니다.

779 委 / 맡길 위 / N2

訓
音 イ
委員会 위원회　委任 위임　委託 위탁

여자(女)에게 곡식(禾)창고를 맡긴다는 데서 맡기다, 위임하다(委)라는 의미로 사용되고 있습니다.

780 御 / 거느릴 어 / N2

訓 おん
御社 귀사

音 ギョ　ゴ
御用 볼일, 용건

781 貴 / 귀할 귀 / N1

訓 たっとい　とうとい　たっとぶ　とうとぶ
音 キ
貴社 귀사　貴重 귀중함　貴族 귀족　兄貴 형님

782

経 지날 경 N3 經

訓 たつ　へる
経つ (시간/세월이) 지나다, 흐르다

音 ケイ　キョウ
経済 경제　経営 경영　経験 경험　経歴 경력
神経 신경　経理 경리　経費 경비

783

営 경영할 영 N3 營

訓 いとなむ
営む 경영하다, 영위하다

音 エイ
経営 경영　営業 영업

784

総 다 총 N2 總

訓

音 ソウ
総務 총무　総合 종합　総会 총회　総理大臣 총리대신

785

務 힘쓸 무 N3

訓 つとめる
務め 의무, 임무　務める 소임을 맡다, 배역을 맡다

音 ム
事務所 사무실　義務 의무　任務 임무　勤務 근무
刑務所 형무소

786

採 캘 채 N2

訓 とる
採る 채택하다, 채용하다

音 エイ
採用 채용　採掘 채굴　採点 채점

손(手)과 손톱(爫)을 이용하여 나무(木)의 싹이나 열매 등을 따다. 캐다(採)라는 의미입니다.

787

用

쓸 용
N4

訓 もちいる
用いる 사용하다

音 ヨウ
用事 볼일, 용무　用件 용건　用意 준비, 대비　利用 이용
活用 활용　通用 통용　採用 채용　信用 신용, 신뢰
用心 조심

788

費

쓸 비
N3

訓 ついやす　ついえる
費やす 쓰다, 낭비하다

音 ヒ
費用 비용　消費 소비　経費 경비　人件費 인건비

789

募

모을 모
N3

訓 つのる
募る 모집하다, 심해지다

音 ボ
募集 모집　応募 응모

790

雇

품 살 고
N2

訓 やとう
雇う 고용하다

音 コ
雇用 고용　解雇 해고

791

給

줄 급
N2

訓

音 キュウ
給料 급여, 월급　時給 시급　初任給 첫 월급
補給 보급　供給 공급　給食 급식

실(糸)과 실을 합하여 (合) 길어지게 한다는 의미로 없어져 가는 것을 보급하다, 더하다, 주다(給)라는 의미가 되었습니다.

792

賃

품삯 임
N2

訓

音 チン
賃金 임금　運賃 운임　家賃 방값　賃貸 임대

일을 맡기고(任) 돈(貝)을 준다는 의미에서 일한 것에 대한 삯(賃)을 의미합니다.

793 **株** 그루 주 N1
- 訓 かぶ
  - かぶしき 株式 주식　かぶか 株価 주가　かぶぬし 株主 주주
- 音

794 **式** 법 식 N3
- 訓
- 音 シキ
  - かぶしきがいしゃ 株式会社 주식회사　こうしき 公式 공식　せいしき 正式 정식　けいしき 形式 형식
  - けっこんしき 結婚式 결혼식　しきじょう 式場 식장　そつぎょうしき 卒業式 졸업식　そうしき 葬式 장례식

795 **証** 증거 증 N1 [證]
- 訓
- 音 ショウ
  - しょうけんがいしゃ 証券会社 증권회사　しょうこ 証拠 증거　しょうめい 証明 증명　しょうげん 証言 증언
  - しょうにん 証人 증인　ほしょう 保証 보증　あんしょうばんごう 暗証番号 비밀번호
  - みぶんしょうめいしょ 身分証明書 신분증

796 **券** 문서 권 N3 [券]
- 訓
- 音 ケン
  - じょうしゃけん 乗車券 승차권　さいけん 債券 채권　しょうけん 証券 증권

일본어 필수 어휘 쓰기

01 (시간이) 지나다 たつ _____
02 의무 つとめ _____
03 고용하다 やとう _____
04 주가 かぶか _____

일본어 한자 읽기

01 会社 _____
02 委員会 _____
03 御用 _____
04 貴社 _____
05 経営 _____
06 総務 _____
07 採用 _____
08 消費 _____
09 募集 _____
10 解雇 _____
11 給料 _____
12 家賃 _____
13 株式 _____
14 証券会社 _____

정답

일본어 필수 어휘 쓰기 1 経つ 2 務め 3 雇う 4 株価

일본어 한자 읽기 1 かいしゃ 2 いいんかい 3 ごよう 4 きしゃ 5 けいえい 6 そうむ 7 さいよう 8 しょうひ 9 ぼしゅう 10 かいこ 11 きゅうりょう 12 やちん 13 かぶしき 14 しょうけんがいしゃ

42. 힘 경쟁

797 協 도울 협 N3
- 訓
- 音 キョウ
- きょうりょく 協力 협력 / きょうかい 協会 협회 / きょうぎ 協議 협의 / だきょう 妥協 타협

많은(十) 사람들이 힘(力)을 합쳐서 돕는다(協)라는 의미입니다.

798 力 힘 력 N4
- 訓 ちから
- ちから 力 힘
- 音 リョク　リキ
- たいりょく 体力 체력 / どりょく 努力 노력 / のうりょく 能力 능력 / ぼうりょく 暴力 폭력
- ぜんりょく 全力 전력 / みりょく 魅力 매력 / はくりょく 迫力 박력

799 努 힘쓸 노 N2
- 訓 つとめる
- つとめる 努める 힘쓰다, 애쓰다
- 音 ド
- どりょく 努力 노력

종(奴)이 힘(力)을 다해 열심히 일한다는 것에서 노력하다(努)라는 의미가 되었습니다.

800 才 재주 재 N2
- 訓
- 音 サイ
- さいのう 才能 재능 / てんさい 天才 천재

801 能 능할 능 N2
- 訓
- 音 ノウ
- のうりょく 能力 능력 / さいのう 才能 재능 / きのう 機能 기능 / げいのうかい 芸能界 연예계
- のうてんき 能天気 태평스럽고 경박함 / ほんのう 本能 본능 / のうりつ 能率 능률

802 可 옳을 가 N2
- 訓
- 音 カ
- かのうせい 可能性 가능성 / きょか 許可 허가 / ふかけつ 不可欠 불가결

803

勢
기세 세
N2

訓 いきおい
勢い 기세

音 セイ
勢力 세력 大勢 많은 사람 姿勢 자세

804

勝
이길 승
N3

訓 かつ　まさる
勝つ 이기다 勝ち 승리 勝手 제멋대로 굶
勝る 낫다, 뛰어나다

音 ショウ
勝負 승부 優勝 우승 決勝 결승 楽勝 낙승
勝算 승산

805

負
질 부
N3

訓 まける　まかす　おう
負ける 지다 負け犬 패배자(싸움에 지고 도망가는 개에 비유)
負け組 인생의 경쟁에서 패한 자 負けず嫌い 유달리 지기 싫어함
負う (짐을) 지다, (책임을) 지다

音 フ
勝負 승부 負担 부담

사람(人)이 돈이 되는 것(貝)을 메어 나르다는 것에서 짊어지다(負)라는 의미가 되었습니다.

806

頑
완고할 완
N1

訓

音 ガン
頑張る 끝까지 노력하다, 힘내다 頑固 완고

807

張
베풀 장
N2

訓 はる
張る 덮이다, 뻗다 張り切る 의욕이 넘치다
引っ張る (잡아) 끌다, 끌어당기다 頑張る 힘내다
張り込み 잠복 張り紙 벽보

音 チョウ
緊張 긴장 出張 출장 拡張 확장

활(弓)을 길게(長) 잡아당긴다는 것에서 당기다, 펴다, 뻗다(張)라는 의미가 되었습니다. 意地を張る는 '고집을 피우다', 足を引っ張る는 '발목을 잡다, 남의 성공을 방해하다'라는 뜻입니다.

808
緊
요긴할 긴
N1

訓

音 キン
緊張 긴장　緊急 긴급　緊密 긴밀

809
参
참여할 참
N3

訓 まいる
参る '가다, 오다'의 겸사말, 지다　墓参り 성묘

音 サン
参加 참가　参考 참고

810
加
더할 가
N3

訓 くわえる　くわわる
加える 더하다, 보태다, 가하다　加わる 늘다, 불어나다, 참여하다

音 カ
参加 참가　追加 추가　増加 증가　加工 가공
加熱 가열　加害者 가해자

811
応
응할 응
N2

訓

音 オウ
応援 응원　応募 응모　一応 일단　対応 대응
*反応 반응

812
援
도울 원
N1

訓

音 エン
応援 응원　援助交際 원조교제　支援 지원

손(手)을 내밀어 끌어올린다(爰)는 것에서 돕다, 구원하다(援)라는 의미가 되었습니다.

813
邪
간사할 사
N1

訓

音 ジャ
邪魔 방해　風邪 감기　無邪気 천진난만함

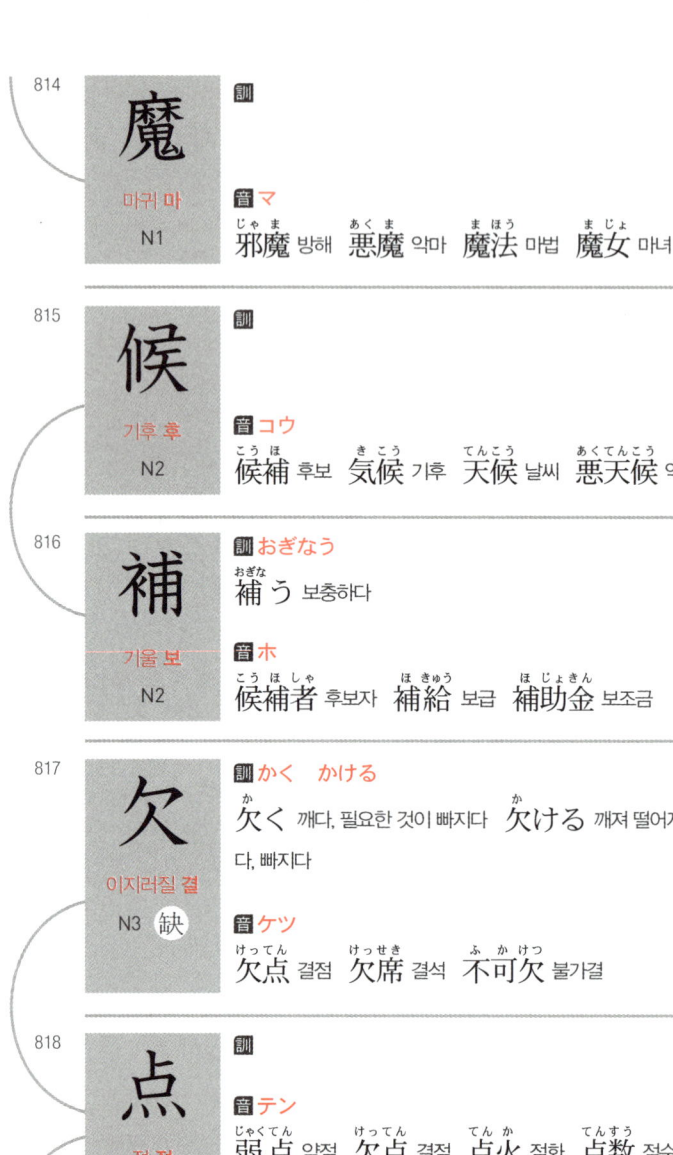

일본어 필수 어휘 쓰기

01 힘 ちから
02 힘쓰다 つとめる
03 기세 いきおい
04 이기다 かつ
05 지다 まける
06 힘내다 がんばる
07 더하다 くわえる

일본어 한자 읽기

01 協力
02 努力
03 才能
04 能力
05 可能性
06 大勢
07 勝負
08 緊張
09 参加
10 応援
11 邪魔
12 候補
13 欠席
14 零点

정답

일본어 필수 어휘 쓰기 1 力　2 努める　3 勢い　4 勝つ　5 負ける　6 頑張る　7 加える

일본어 한자 읽기 1 きょうりょく　2 どりょく　3 さいのう　4 のうりょく　5 かのうせい　6 おおぜい　7 しょうぶ　8 きんちょう　9 さんか　10 おうえん　11 じゃま　12 こうほ　13 けっせき　14 れいてん

43. 전쟁, 범죄

820 戦 — 싸울 전 (N3) [戦]

訓 たたかう　いくさ
戦(たたか)う 싸우다

音 セン
戦争(せんそう) 전쟁　作戦(さくせん) 작전　挑戦(ちょうせん) 도전　決勝戦(けっしょうせん) 결승전
戦略(せんりゃく) 전략　宣戦布告(せんせんふこく) 선전포고　戦闘機(せんとうき) 전투기

> 식구를 위해 홀로 (単) 창(戈)을 들고 싸운다(戦)는 의미입니다.

821 争 — 다툴 쟁 (N2) [争]

訓 あらそう
争(あらそ)う 다투다, 싸우다

音 ソウ
戦争(せんそう) 전쟁　競争(きょうそう) 경쟁

> 争는 爭의 약자로 손톱(爪)을 드러내고 손(又)으로 치며 싸운다는 의미입니다.

822 競 — 다툴 경 (N2)

訓 きそう　せる
競(きそ)う 겨루다, 다투다

音 キョウ　ケイ
競争(きょうそう) 경쟁　競技(きょうぎ) 경기　競馬(けいば) 경마　競売(きょうばい) 경매

> 두 사람(儿儿) 서서(立立) 말다툼(口)을 한다는 것에서 다투다(競)라는 의미가 되었습니다.

823 敵 — 원수 적 (N1)

訓 かたき
敵(かたき) 원수

音 テキ
敵(てき) 적　強敵(きょうてき) 강적　無敵(むてき) 무적　天敵(てんてき) 천적

824 防 — 막을 방 (N3)

訓 ふせぐ
防(ふせ)ぐ 막다

音 ボウ
防止(ぼうし) 방지　予防(よぼう) 예방　防犯(ぼうはん) 방범　消防士(しょうぼうし) 소방관

825 衛 — 지킬 위 (N1)

訓

音 エイ
衛生(えいせい) 위생　衛星(えいせい) 위성　防衛(ぼうえい) 방위　自衛隊(じえいたい) 자위대

> 주위(韋)를 돌아다니며 (行) 지킨다(衛)라는 의미입니다.

826

피할 피
N1 避

訓 さける
避ける 피하다

音 ヒ
避難 피난　避妊 피임　逃避 도피

827

달아날 도
N2 逃

訓 にげる　にがす　のがす　のがれる
逃げる 도망치다　逃す 놓아주다　見逃す 못 보고 넘어가다, 눈감아주다, 못 본체하다　逃れる 달아나다, 면하다, 피하다

音 トウ
逃避 도피　逃亡 도망

逃げる(도망치다)와 追う(뒤쫓다)는 반의어로 함께 외워두세요.

828

쫓을 추
N2 追

訓 おう
追う 따르다, 뒤쫓아가다　追いかける 뒤쫓아가다, 추적하다　追い出す 쫓아내다, 몰아내다　追い越す 추월

音 ツイ
追加 추가　追放 추방　追求 추구　追及 추궁

829

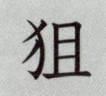

원숭이 저
N1

訓 ねらう
狙う 노리다　狙い 노리는 바, 겨냥

音 ソ
狙撃 저격

830

잡을 포
N2

訓 つかまえる　つかまる　とらえる　とる
捕まえる 잡다, 붙잡다　捕まる 잡히다, 붙잡히다　捕らえる 잡다, 포착하다, 사로잡다

音 ホ
逮捕 체포　捕獲 포획

손(手)으로 잡는(甫)다는 것으로 붙잡다(捕)라는 의미가 됩니다.

831

放 놓을 방 · N2

訓 はなす　はなつ　はなれる
放す 놓다, 놓아주다　放つ 놓아주다(문어체)
手放す 손에서 놓다, 남에게 넘겨주다

音 ホウ
放送 방송　解放 해방　開放 개방　放置 방치
食べ放題 먹고 싶은 대로 먹음

832

盗 훔칠 도 · N2 盗

訓 ぬすむ
盗む 훔치다

音 トウ
盗難 도난　強盗 강도

접시(皿)에 든 것이 먹고 싶어 침을 흘리다가(氵) 훔쳐 먹는다는 것에서 훔치다(盗)라는 의미가 되었습니다.

833

犯 범할 범 · N2

訓 おかす
犯す 어기다, 범하다

音 ハン
犯罪 범죄　犯人 범인　犯行 범행　共犯 공범

개(犭=犬)가 사람을 해친다(㔾)는 것에서 전하여 해치다, 범하다(犯)라는 의미가 되었습니다.

834

罪 허물 죄 · N2

訓 つみ
罪 죄

音 ザイ
犯罪 범죄　罪悪感 죄악감　謝罪 사죄

그릇된(非) 일을 하여 법망(罒)에 걸려들었다는 데서 죄, 죄인(罪)을 의미하게 되었습니다.

835

罰 벌줄 벌 · N1

訓

音 バツ　バチ
罰 벌　処罰 처벌　罰金 벌금

836

襲 엄습할 습 · N1

訓 おそう
襲う 덮치다, 습격하다

音 シュウ
襲撃 습격　奇襲 기습　空襲 공습

837
경계할 경
N3

訓
音 ケイ

けいさつ 警察 경찰　けいかん 警官 경관　けいこく 警告 경고　けいび 警備 경비
けいしちょう 警視庁 경시청

조심하고(敬) 말(言)을 삼가한다는 의미에서 경계하다. 조심하다(警)라는 한자가 되었습니다.

838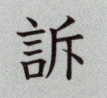
살필 찰
N3

訓
音 サツ

けいさつ 警察 경찰　けんさつ 検察 검찰　しんさつ 診察 진찰　かんさつ 観察 관찰

집(宀)에서 제사(祭)를 지낼 때 빠짐없이 생각하여 살핀다(察)는 의미입니다.

839
하소연할 소
N1

訓 うったえる
うった 訴える 소송하다, 고소하다
音 ソ
そしょう 訴訟 소송　きそ 起訴 기소

840
뭍 륙
N2

訓
音 リク

りくぐん 陸軍 육군　ちゃくりく 着陸 착륙　たいりく 大陸 대륙

841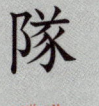
군사 군
N2

訓
音 グン

ぐんたい 軍隊 군대　ぐんじん 軍人 군인　しょうぐん 将軍 장군

전차(車)를 둘러싸고(勹) 있는 형태에서 군사(軍)를 의미하게 되었습니다.

842
떼 대
N1

訓
音 タイ

ぐんたい 軍隊 군대　へいたい 兵隊 군대　ぶたい 部隊 부대　にゅうたい 入隊 입대

언덕(阝)에 멧돼지(豕)들이 무리지어 다닌다는 데서 떼(隊)를 의미하게 되었습니다.

| 843 | 兵 병사 병 N2 | 訓
 音 ヘイ　ヒョウ
 兵隊 군대　兵器 병기 | 무기(斤)를 두손으로 들고 있다는 것에서 무기, 병사(兵)를 의미하게 되었습니다. |

| 844 | 攻 칠 공 N1 | 訓 せめる
 攻める 공격하다
 音 コウ
 攻撃 공격　専攻 전공　攻略 공략 | |

| 845 | 撃 칠 격 N1 撃 | 訓 うつ
 撃つ (총으로) 쏘다
 音 ゲキ
 攻撃 공격　打撃 타격　目撃 목격　衝撃 충격 | |

| 846 | 射 쏠 사 N1 | 訓 いる
 射る 쏘다
 音 シャ
 注射 주사　発射 발사　射撃 사격　反射 반사 | 몸(身)을 집중하여 화살(寸)을 쏜다(射)는 의미입니다. |

| 847 | 武 호반 무 N2 | 訓
 音 ブ　ム
 武器 무기　武士 무사　武力 무력　武者 무사 | |

| 848 | 器 그릇 기 N2 器 | 訓 うつわ
 器 그릇
 音 キ
 器具 기구　楽器 악기　食器 식기　武器 무기
 兵器 병기　器用 손재주가 있음, 요령이 좋음
 無器用 서투름, 손재주가 없음 | 개(犬)고기를 담은 네 개(口)의 접시(器)라는 의미입니다. |

일본어 필수 어휘 쓰기

- 01 싸우다 たたかう
- 02 다투다 あらそう
- 03 원수 かたき
- 04 막다 ふせぐ
- 05 피하다 さける
- 06 도망치다 にげる
- 07 노리다 ねらう
- 08 뒤쫓아가다 おいかける
- 09 붙잡다 つかまえる
- 10 놓아주다 はなす
- 11 훔치다 ぬすむ
- 12 어기다 おかす
- 13 죄 つみ
- 14 벌 ばつ
- 15 덮치다 おそう
- 16 소송하다 うったえる

일본어 한자 읽기

- 01 戦争
- 02 競争
- 03 無敵
- 04 防衛
- 05 追及
- 06 逮捕
- 07 放送
- 08 盗難
- 09 犯罪
- 10 罰金
- 11 警察
- 12 陸軍
- 13 兵隊
- 14 攻撃
- 15 発射
- 16 武器

정답

일본어 필수 어휘 쓰기 1 戦う 2 争う 3 敵 4 防ぐ 5 避ける 6 逃げる 7 狙う 8 追いかける 9 捕まえる 10 放す 11 盗む 12 犯す 13 罪 14 罰 15 襲う 16 訴える

일본어 한자 읽기 1 せんそう 2 きょうそう 3 むてき 4 ぼうえい 5 ついきゅう 6 たいほ 7 ほうそう 8 とうなん 9 はんざい 10 ばっきん 11 けいさつ 12 りくぐん 13 へいたい 14 こうげき 15 はっしゃ 16 ぶき

44. 놀이, 예능

849 遊 — 놀 유 — N3
- 訓 あそぶ
  - 遊ぶ(あそぶ) 놀다
  - 遊び(あそび) 놀이, 장난
- 音 ユウ
  - 遊園地(ゆうえんち) 유원지

850 旅 — 나그네 려 — N4
- 訓 たび
  - 旅(たび) 여행
- 音 リョ
  - 旅行(りょこう) 여행
  - 旅館(りょかん) 여관

851 館 — 객사 관 — N4
- 訓
- 音 カン
  - 図書館(としょかん) 도서관
  - 映画館(えいがかん) 영화관
  - 美術館(びじゅつかん) 미술관
  - 博物館(はくぶつかん) 박물관
  - 旅館(りょかん) 여관

관리(官)가 식사(食)를 하고 머무는 곳이라고 하여 관청이나 학교와 같은 큰 건물을 의미하게 되었습니다.

852 祭 — 제사 제 — N3
- 訓 まつる / まつり
  - 祭り(まつり) 축제
- 音 サイ
  - 祭日(さいじつ) 제일, 축제일
  - 文化祭(ぶんかさい) 문화제
  - 学園祭(がくえんさい) 학원제

제단(示) 위에 고기(月)를 손(又)으로 올려서 제사를 지내는 것에서 제사, 축제(祭)를 나타내는 한자가 되었어요.

853 歌 — 노래 가 — N4
- 訓 うた / うたう
  - 歌(うた) 노래
  - 歌う(うたう) 노래하다
  - 子守歌(こもりうた) 자장가
- 音 カ
  - 歌手(かしゅ) 가수
  - 歌詞(かし) 가사
  - 主題歌(しゅだいか) 주제가
  - 演歌(えんか) 트로트

하품(欠)을 하듯 입을 크게 벌려서 소리낸다(哥)는 것에서 노래하다(歌)라는 의미가 되었습니다.

854 踊 — 뛸 용 — N2
- 訓 おどる / おどり
  - 踊る(おどる) 춤추다
  - 踊り(おどり) 춤
- 音 ヨウ
  - 舞踊(ぶよう) 무용

855 映 (비칠 영) N4

訓 うつる　うつす　はえる
- 映る 반사되어 보이다, 영상이 보이다
- 映す 비추다, 상영하다

音 エイ
- 映画 영화　反映 반영　映像 영상

> 해(日)가 가운데로(央) 내리쬐어 밝게 비친다(映)라는 뜻입니다.

856 画 (그림 화, 그을 획) N4 畫

訓

音 ガ　カク
- 漫画 만화　画家 화가　画像 이미지　動画 동영상
- 画面 화면　計画 계획　企画 기획　画期的 획기적

857 絵 (그림 회) N3 繪

訓

音 エ　カイ
- 絵 그림　絵本 그림책　絵の具 그림 물감　絵画 회화

858 写 (베낄 사) N4 寫

訓 うつす　うつる
- 写す 베끼다, 찍다, 묘사하다　写る 찍히다

音 シャ
- 写真 사진　写メ 휴대전화로 찍는 사진

859 真 (참 진) N4 眞

訓 ま
- 真夜中 한밤중　真ん中 한가운데　真っすぐ 똑바로
- 真っ赤 새빨감　真っ白 새하얌　真っ先 맨 앞, 맨 먼저

音 シン
- 真実 진실　真剣 진지함, 진정임　写真 사진

860 祝 (빌 축) N3

訓 いわう
- 祝う 축하하다　お祝い 축하, 축하 파티

音 シュク　シュウ
- 祝日 축일　祝福 축복　ご祝儀 축의금, 부조금

> 사람(兄)이 제단(示) 앞에서 비는(祝) 것을 의미합니다.

861 展 펼 전 N2
訓
音 テン
展示会 전시회　展覧会 전람회　展開 전개　発展 발전

862 示 보일 시 N3
訓 しめす
示す 가리키다, (나타내) 보이다
音 シ・ジ
指示 지시　展示 전시　暗示 암시　掲示板 게시판

863 観 볼 관 N3 (観)
訓
音 カン
観光 관광　観察 관찰　観測 관측　主観 주관
先入観 선입견　観客 관객　観覧車 관람차

864 覧 볼 람 N1 (覧)
訓
音 ラン
ご覧 보심　展覧会 전람회　博覧会 박람회　観覧 관람

사람이 물그림자(監)로 자신의 모습을 본다(見)는 것에서 보다, 훑어보다(覽)라는 의미를 가지게 되었습니다.

865 演 펼 연 N2
訓
音 エン
演技 연기　演劇 연극　出演 출연　演奏 연주
演じる 연기하다, 저지르다　演歌 트로트　講演 강연
公演 공연　演説 연설

866 **劇** 심할 극 N2
音 ゲキ
劇場 극장　演劇 연극　悲劇 비극　喜劇 희극
時代劇 시대극

867 **舞** 춤출 무 N2
訓 まう　まい
舞う (공중에서) 떠돌다, 흩날리다, 춤추다　お見舞い 병문안
音 ブ
舞台 무대　歌舞伎 가부키(일본의 전통 가무극)　舞踊 무용

868 **台** 돈대 대 N4 (臺)
音 ダイ　タイ
台所 부엌, 주방　台無し 엉망이 됨　仙台 센다이(지명)
台風 태풍　舞台 무대　屋台 포장마차

869 **芸** 재주 예 N2 (藝)
音 ゲイ
芸術 예술　芸能人 연예인　芸人 연예인　芸者 게이샤

芸は身を助ける라는 말이 있는데, '취미로 배워둔 재주가 만일의 경우 생계에 도움이 될 수도 있다'는 뜻입니다.

870 **術** 재주 술 N3
音 ジュツ
技術 기술　美術 미술　芸術 예술　手術 수술

871 **技** 재주 기 N3
訓 わざ
技 기술
音 ギ
技術 기술　特技 특기　技能 기능　演技 연기

일본어 필수 어휘 쓰기

- 01 놀다 あそぶ
- 02 여행 たび
- 03 축제 まつり
- 04 노래하다 うたう
- 05 춤추다 おどる
- 06 반사되어 보이다 うつる
- 07 베끼다 うつす
- 08 똑바로 まっすぐ
- 09 축하하다 いわう
- 10 가리키다 しめす
- 11 병문안 おみまい
- 12 기술 わざ

일본어 한자 읽기

- 01 遊園地
- 02 旅行
- 03 図書館
- 04 文化祭
- 05 歌手
- 06 舞踊
- 07 映画
- 08 絵本
- 09 写真
- 10 ご祝儀
- 11 展示会
- 12 観覧車
- 13 演劇
- 14 舞台
- 15 芸術
- 16 特技

> **정답**
> **일본어 필수 어휘 쓰기** 1 遊ぶ 2 旅 3 祭り 4 歌う 5 踊る 6 映る 7 写す 8 真っすぐ 9 祝う 10 示す 11 お見舞い 12 技
>
> **일본어 한자 읽기** 1 ゆうえんち 2 りょこう 3 としょかん 4 ぶんかさい 5 かしゅ 6 ぶよう 7 えいが 8 えほん 9 しゃしん 10 ごしゅうぎ 11 てんじかい 12 かんらんしゃ 13 えんげき 14 ぶたい 15 げいじゅつ 16 とくぎ

45. 제작, 건설

872 製 지을 제 N3
- 訓
- 音 セイ
  - 製作 제작　製造 제조　製品 제품　中国製 중국산
  - 製薬会社 제약회사

옷(衣)을 만들기 위해 옷감을 다듬는(制) 것에서 옷 또는 물건을 만들다(製)라는 의미입니다.

873 作 지을 작 N4
- 訓 つくる
  - 作る (손으로) 만들다　手作り 수제, 손수 만듦
- 音 サク　サ
  - 製作 제작　制作 (예술작품의) 제작　作品 작품　原作 원작
  - 名作 명작　作文 작문　作戦 작전　作家 작가
  - 作業 작업　操作 조작

874 造 지을 조 N3
- 訓 つくる
  - 造る (현대공업적) 만들다, 제조하다
- 音 ゾウ
  - 構造 구조　造船 조선　製造 제조　創造 창조

875 創 비롯할 창 N1
- 訓
- 音 ソウ
  - 創作 창작　創造 창조　独創的 독창적　創立 창립

876 切 끊을 절 N4
- 訓 きる　きれる
  - 切る 자르다　切り 끝, 한(계)　切り札 으뜸패, 비장의 수단
  - 締め切り 마감　思い切り 마음껏　裏切る 배신하다
  - 張り切る 의욕이 넘치다　*切手 우표　*切符 표
- 音 セツ　サイ
  - 切ない 애절하다, 애달프다　大切 소중함　親切 친절
  - 適切 적절　一切 일체, 일절, 전혀

口を切る는 '맨 먼저 말을 꺼내다', 頭が切れる는 '머리가 잘 돌아가다'라는 뜻입니다.

225

877

符 부호 부 N2

訓
音 フ

切符(きっぷ) 표, 티켓　符号(ふごう) 부호

878

刻 새길 각 N2

訓 きざむ
刻(きざ)む 잘게 썰다, 새기다
音 コク
遅刻(ちこく) 지각　時刻表(じこくひょう) 시각표　深刻(しんこく) 심각

칼(刂=刀)로 분명하게(亥) 새긴다(刻)라는 의미입니다. 그리고 胸(むね)に刻(きざ)む '가슴에 새기다'라는 뜻입니다.

879

飾 꾸밀 식 N1

訓 かざる
飾(かざ)る 장식하다, 꾸미다
音 ショク
装飾(そうしょく) 장식

880

包 쌀 포 N2

訓 つつむ
包(つつ)む 싸다, 둘러싸다　小包(こづつみ) 소포
音 ホウ
包帯(ほうたい) 붕대　包囲(ほうい) 포위　包丁(ほうちょう) 부엌칼, 식칼
包装紙(ほうそうし) 포장지

881

折 꺾을 절 N3

訓 おる　おれる　おり
折(お)る 접다, 굽히다　折(お)れる 접히다, 꺾이다　折(お)り返(かえ)し 즉시
音 セツ
骨折(こっせつ) 골절　挫折(ざせつ) 좌절

손(扌=手)에 도끼(斤)를 들고 자른다는 것에서 부러뜨리다, 꺾다(折)라는 의미를 가지게 되었습니다.

882

巻 책 권 N2

訓 まく　まき
巻(ま)く 말다, 감다　巻(ま)き込(こ)む 말려들게 하다
巻(ま)き込(こ)まれる 말려들다
音 カン

883 **塗** 칠할 도 N2
- 訓 ぬる
  - 塗る 칠하다, 바르다
- 音 ト
  - 塗料 도료

884 **貼** 붙을 첩 N1
- 訓 はる
  - 貼る 붙이다 貼り紙 벽보
- 音 チョウ　テン

885 **建** 세울 건 N4
- 訓 たてる　たつ
  - 建てる 짓다, 세우다 建物 건물 一戸建て 단독주택
  - 建前 (표면상의) 방침, 원칙
- 音 ケン　コン
  - 建設 건설 建築家 건축가

886 **築** 쌓을 축 N2
- 訓 きずく
  - 築く 쌓다
- 音 チク
  - 建築 건축 構築 구축

887 **設** 베풀 설 N2
- 訓 もうける
  - 設ける 마련하다, 설치하다
- 音 セツ
  - 建設 건설 設立 설립 施設 시설 設備 설비
  - 設計 설계 設置 설치

888 **郵** 우편 우 N3
- 訓
- 音 ユウ
  - 郵便局 우체국 郵送 우송

> 일본인의 특징으로 本音와 建前라는 말을 들어보셨을 거예요. 本音는 한마디로 '본심, 속마음'이고, 建前는 사회적 규범이나 상호관계를 고려해 겉으로 나타내는 태도라고 할 수 있습니다. 일본인만 그렇다고는 할 수 없지만, 친절한 일본인을 생각하면 좀 더 그런 것 같아요.

227

889 便 — 편할 편 / N4

訓 たより
便り 소식, 편지

音 ベン ビン
便利 편리 便所 변소 穏便に 조용하고 원만하게
郵便 우편 船便 배편 宅急便 일본의 택배회사명

사람(人)에게 편리하게 고친다(更)는 것에서 편하다(便)라는 의미가 되었습니다.

890 利 — 이로울 리 / N3

訓 きく
利く 잘 움직이다, 가능하다 左利き 왼손잡이

音 リ
利用 이용 利益 이익 利口 영리함, 애가 말을 잘 듣고 온순함
便利 편리 権利 권리 利息 이자 不利 불리

利くは 鼻が利く(냄새를 잘 맡다), 目が利く(안목이 있다)처럼 '잘 작동하다'라는 의미도 있고, 学割が利く(학생할인이 가능하다), つけの利く店(외상 가능한 가게)처럼 '가능하다'라는 의미도 있습니다.

891 権 — 권세 권 / N2

訓

音 ケン
権利 권리 権力 권력 人権 인권 著作権 저작권

892 効 — 본받을 효 / N2

訓 きく
効く 효력이 있다, 듣다

音 コウ
効果 효과 有効 유효 効率 효율

効くは 薬が効く(약이 효과있다), パンチが効く(주먹이 먹히다)처럼 '효과있다'라는 뜻으로 쓰입니다. 위에 나왔던 利く와 구분해서 사용하세요.

893 機 — 틀 기 / N3

訓 はた
機 베틀

音 キ
機会 기회 機械 기계 機器 기기 機能 기능
洗濯機 세탁기 動機 동기 機嫌 심기, 기분 危機 위기

나무(木)로 만든 베틀 기구(幾)라는 데서 기계, 장치(機)를 의미하게 되었습니다.

894 械 형틀 계 N2
訓
音 カイ
機械 기계(일반적으로 주로 사용됨)　器械 (간단한) 기계
機械工業 기계공업　光学器械 광학기계

895 工 장인 공 N4
訓
音 コウ ク
工場 공장　工事 공사　工学 공학　人工 인공
工夫 궁리　大工 목수

일본어 필수 어휘 쓰기

01 만들다 つくる
02 제조하다 つくる
03 자르다 きる
04 새기다 きざむ
05 장식하다 かざる
06 싸다 つつむ
07 접다 おる
08 말다 まく
09 칠하다 ぬる
10 붙이다 はる
11 짓다 たてる
12 쌓다 きずく
13 소식 たより
14 잘 움직이다 きく
15 효력이 있다 きく

일본어 한자 읽기

01 製作
02 製造
03 創立
04 切ない
05 切符
06 遅刻
07 包帯
08 骨折
09 建築
10 設計
11 郵便局
12 便利
13 権利
14 効果
15 機械
16 工場

정답

일본어 필수 어휘 쓰기 1 作る 2 造る 3 切る 4 刻む 5 飾る 6 包む 7 折る 8 巻く 9 塗る 10 貼る 11 建てる 12 築く 13 便り 14 利く 15 効く

일본어 한자 읽기 1 せいさく 2 せいぞう 3 そうりつ 4 せつない 5 きっぷ 6 ちこく 7 ほうたい 8 こっせつ 9 けんちく 10 せっけい 11 ゆうびんきょく 12 べんり 13 けんり 14 こうか 15 きかい 16 こうじょう

46. 진행

896

처음 시 N4

訓 はじめる　はじまる
始める 시작하다　始まる 시작되다　始まり 시작

音 シ
開始 개시

始めるは '시작하다'라는 뜻이고 初めては '처음으로'하는 뜻이니 한자와 의미 둘 다 헷갈리지 마세요.

897

처음 초 N3

訓 はじめ　はじめて　はつ　そめる
初めて 처음으로　初めまして 처음 뵙겠습니다
初耳 처음 들음, 금시초문　初雪 첫눈　初恋 첫사랑

音 ショ
最初 최초　初級 초급　初心者 초보자　初日 첫날

898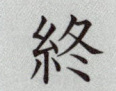

등급 급 N3

訓

音 キュウ
中級 중급　上級 상급　高級ブランド 고급 브랜드
1級 1급　同級生 동급생　学級委員 학급위원

899

마칠 종 N4

訓 おわる　おえる
終わる 끝나다　終わり 끝　終える 끝마치다, 끝내다

音 シュウ
終了 종료　終電 막차, 마지막 전철

始めよければ終わりよしは '시작이 좋으면 끝도 좋다', 始めあるものは必ず終わりありは '처음이 있으면 끝이 있다'라는 뜻입니다.

900

了

마칠 료 N3

訓

音 リョウ
了解 잘 이해함(OK, Roger)　終了 종료　完了 완료

901

건널 제 N3　濟

訓 すむ　すます
済む 끝나다, 해결되다　済ませる 끝내다, 마치다

音 サイ
経済 경제　救済 구제

気が済むは '홀가분해지다, 걱정하던 일이 없어져 마음이 놓이다'라는 뜻입니다.

902 進 나아갈 진 N4

訓 すすむ　すすめる
進む 나아가다　進める 앞으로 나아가게 하다, 진행하다

音 シン
進路 진로　進学 진학　進化 진화　進歩 진보　推進 추진

903 推 밀 추 N1

訓 おす
推す 추천하다, 추측하다

音 スイ
推進 추진　推測 추측　推薦 추천　推理 추리

904 続 이을 속 N3 (續)

訓 つづく　つづける
続く 이어지다, 계속되다　続ける 계속하다, 연결하다
手続き 계속

音 ゾク
連続 연속　接続 접속

905 組 짤 조 N3

訓 くむ　くみ
組む 끼다, 짜다, 편을 먹다　組み合わせ 편성, 조합
組長 조장, 보스　番組 (방송) 프로그램

音 ソ
組織 조직

> 실(糸)을 겹치고 겹쳐서(且) 짜다(組)라는 의미로 지금은 그 의미가 발전해서 실과 관계없이 물건을 짜 맞추거나 한 무리라는 의미로 사용됩니다.

906 抜 뺄 발 N2 (拔)

訓 ぬく　ぬける　ぬかす　ぬかる
抜く 뽑다, 빼다　抜ける 빠지다　抜け出す (몰래) 빠져나가다

音 バツ
選抜 선발

907 関 빗장 관 N3 (關)

訓 せき

音 カン
関する 관련하다, 관계하다　関係 관계　関心 관심
関西地方 관서지방　玄関 현관

일본어 한자 암기비법 1200

908
係
맬 계
N3

訓 かかる　かかり
係員 계원, 담당자　係長 계장
音 ケイ
関係 관계

909
予
미리 예
N3　豫

訓
音 ヨ
予約 예약　予定 예정　予想 예상　予感 예감　予言 예언
予算 예산　予選 예선　予防 예방　予備校 입시학원

910
定
정할 정
N3

訓 さだめる　さだまる　さだか
定める 정하다
音 テイ　ジョウ
定期 정기 승차권　定休日 정기 휴일　定食 정식
予定 예정　決定 결정　限定 한정　安定 안정
肯定 긍정　断定 단정　定年 정년　定着 정착
お勘定 계산　定規 자

집안(宀)의 물건을 바르게(正) 정돈하기 위해 자리를 정하다(定)라는 의미입니다.

911 肯
즐길 긍
N2

訓
音 コウ
肯定的 긍정적

912
否
아닐 부
N3

訓 いな
音 ヒ
否定 부정　否認 부인　否決 부결　拒否 거부

913
標
표할 표
N2

訓
音 ヒョウ
標準 표준　目標 목표　標的 표적

233

914

準 법도 준 N3

訓
音 ジュン
き じゅん
基準 기준　じゅん び
準備 준비　ひょうじゅん ご
標準語 표준어　じゅんゆうしょう
準優勝 준우승

915

備 갖출 비 N3

訓 そなえる　そなわる
そな
備える 갖추다, 대비하다
音 ビ
じゅん び
準備 준비　せつ び
設備 설비　けい び
警備 경비　よ び こう
予備校 입시학원

916

原 근원 원 N3

訓 はら
の はら
野原 들, 들판　はらじゅく
原宿 하라주쿠(지명)
音 ゲン
げんいん
原因 원인　げんさく
原作 원작　げんこう
原稿 원고　げんりょう
原料 원료
げんしょ
原書 원서　げん り
原理 원리　げん し りょく
原子力 원자력

917

因 인할 인 N3

訓 よる
音 イン
げんいん
原因 원인　よういん
要因 요인

918

超 뛰어넘을 초 N2

訓 こえる　こす
こ
超える (한계, 상상, 능력 등을) 초월하다
音 チョウ
ちょう か
超過 초과　ちょうのうりょく
超能力 초능력　ちょうおん ぱ
超音波 초음파

超えるは '(한계, 상상, 능력 등 보통 기준을) 초월하다'의 의미로, 越えるは '(산, 국경, 강 같은 장애물이나 경계를) 넘다/건너다'라는 의미로 씁니다.

919

越 넘을 월 N2

訓 こえる　こす
こ
越える (산 언덕, 국경을) 넘다. (강, 바다를) 건너다　ひ こ
引っ越す 이사하다　の こ
乗り越える 극복하다, 헤쳐나가다　お こ
追い越す 추월하다
音 エツ
ゆうえつ
優越 우월　ちょうえつ
超越 초월

일본어 필수 어휘 쓰기

01 시작하다 はじめる
02 처음으로 はじめて
03 끝나다 おわる
04 끝나다 すむ
05 나아가다 すすむ
06 계속되다 つづく
07 짜다 くむ
08 빼다 ぬく
09 갖추다 そなえる
10 들 のはら
11 초과하다 こえる
12 초월하다 こえる

일본어 한자 읽기

01 開始
02 最初
03 中級
04 終了
05 経済
06 進路
07 推薦
08 連続
09 組織
10 関係
11 予定
12 肯定的
13 否定
14 標準語
15 準備
16 原因
17 超過
18 優越

정답

일본어 필수 어휘 쓰기 1 始める 2 初めて 3 終わる 4 済む 5 進む 6 続く 7 組む 8 抜く 9 備える 10 野原 11 超える 12 越える

일본어 한자 읽기 1 かいし 2 さいしょ 3 ちゅうきゅう 4 しゅうりょう 5 けいざい 6 しんろ 7 すいせん 8 れんぞく 9 そしき 10 かんけい 11 よてい 12 こうていてき 13 ひてい 14 ひょうじゅんご 15 じゅんび 16 げんいん 17 ちょうか 18 ゆうえつ

47. 실행

920 探 / 찾을 탐 / N2

훈 さがす　さぐる
探す (원하는 것을) 찾다　探る 더듬어 찾다, 살피다, 탐색하다

음 タン
探求 탐구　探検 탐험　探偵 탐정

깊은(深) 곳으로 사람이 들어가 손(扌=手)으로 물건을 찾는다(探)는 의미입니다.
探す는 원하는 것을 찾는다고 할 때 쓰고, 捜す는 잃어버린 것을 찾는다고 할 때 쓴다는 것 알아두세요.

921 捜 / 찾을 수 / N2

훈 さがす
捜す (잃어버린 것을) 찾다

음 ソウ
捜査 수사　捜索 수색

922 隠 / 숨길 은 / N1

훈 かくす　かくれる
隠す 숨기다　隠れる 숨다

음 イン
隠匿 은닉　隠居 은거　隠語 은어

923 確 / 굳을 확 / N3

훈 たしかめる　たしか
確かめる 확인하다　確かに 분명히, 아마도

음 カク
確認 확인　確実 확실　確率 확률　確定 확정
確信 확신　正確 정확　確保 확보　明確 명확함

924 率 / 비율 률 / N2

훈 ひきいる
率いる 거느리다, 인솔하다, 이끌다

음 ソツ　リツ
率直 솔직　確率 확률　比率 비율　能率 능률
効率 효율　進学率 진학률　失業率 실업률

925 調 고를 조 N3

訓 しらべる　ととのう　ととのえる
調べる 조사하다　取り調べ 조사, 취조

音 チョウ
調子 상태, 컨디션　体調 몸의 상태, 컨디션　調査 조사
調節 조절　調味料 조미료　順調 순조로움
絶好調 최상의 컨디션　口調 어조, 말투　調理 조리, 요리

926 査 조사할 사 N3

訓
音 サ
調査 조사　検査 검사　捜査 수사　審査 심사

927 検 검사할 검 N2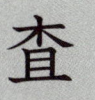

訓
音 ケン
検査 검사　検事 (법률)검사　検察 검찰　検討 검토
検定 검정

928 編 엮을 편 N2

訓 あむ
編む 엮다, 뜨다

音 ヘン
編集 편집　編曲 편곡

929 集 모일 집 N4

訓 あつめる　あつまる　つどう
集める 모으다　集まり 모임, 집단

音 シュウ
集合 집합　集中 집중　募集 모집　集団 집단

나무(木) 위에 새(隹)가 무리지어 앉아있는 것에서 모이다(集)라는 뜻입니다.

930

시험할 시
N4

訓 ためす　こころみる
試す 시험해 보다　試み 시도

音 シ
試験 시험　試合 시합　試練 시련

物は試し(일은 해 보아야 안다)라는 말이 있는데, '길고 짧은 것은 대 보아야 안다'라는 뜻입니다.

931

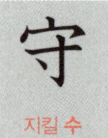

지킬 수
N3

訓 まもる　もる
守る 지키다　お守り 부적　見守る 지켜보다
子守歌 자장가

音 シュ　ス
守備 수비　保守 보수　留守 집을 비움, 집에 없음

관청(宀)에서 법도(寸)에 따라 일을 한다는 것에서 지키다(守)라는 의미가 되었습니다.

932

빼앗을 탈
N1

訓 うばう
奪う 빼앗다

音 ダツ
略奪 약탈　奪取 탈취

큰(大) 새(隹)가 손(寸)에서 도망친다는 의미에서 전하여 지금은 뺏다(奪)라는 의미가 되었습니다.

933

보전할 보
N3

訓 たもつ
保つ 유지하다

音 ホ
保険 보험　保証 보증　保障 보장　保護 보호
保管 보관　確保 확보

어른(人)이 아이를 지키고 보살핀다(呆)는 데서 먹여살리다. 보살피다. 보전하다(保)라는 의미가 되었습니다.

934

대롱 관
N2

訓 くだ
管 관, 대롱

音 カン
管理 관리　保管 보관　血管 혈관

管の穴から天をのぞく(피리 구멍으로 하늘을 본다)라는 말이 있는데, '견식이 좁음'을 뜻합니다.

935

支 지탱할 지 N3

訓 ささえる
支える 떠받치다, 지탱하다

音 シ
支度 채비, 준비　支払い 지불, 지급　支持 지지
支配 지배　支障 지장

936

誤 그르칠 오 N2 誤

訓 あやまる
誤り 잘못, 실수

音 ゴ
誤解 오해

937

解 풀 해 N3

訓 とく　とける　とかす
解く 풀다　解ける 풀리다

音 カイ　ゲ
解答 해답　正解 정답　理解 이해　解説 해설
解決 해결　解明 해명　解散 해산　解放 해방
解消 해소　了解 잘 이해함(OK, Roger)

칼(刀)로 소(牛)의 살과 뼈(角)를 따로 바르는 데서 물건을 풀어헤치다, 떼어내 풀다(解)라는 의미가 되었습니다.

938

暴 사나울 폭 N2

訓 あばく　あばれる
暴く 폭로하다, 들추어내다, 파헤치다
暴れる 날뛰다, 난폭하게 굴다

音 ボウ　バク
暴力 폭력　暴走族 폭주족　乱暴 난폭

939

果 열매 과 N3

訓 はたす　はてる　はて
果たす 완수하다, 달성하다　果て 끝
果てしない 끝없다, 한없다

音 カ
結果 결과　効果 효과　成果 성과　*果物 과일

밭(田)에 있는 나무(木)에서 열린 과일(果)이라는 의미의 한자입니다.

940	研 갈 연 N4 研	訓 とぐ 研ぐ 갈다 音 ケン 研究室 연구실 研修 연수
941	究 궁구할 구 N4	訓 きわめる 音 キュウ 研究 연구 究明 구명
942	禁 금할 금 N3	訓 音 キン 禁止 금지 禁煙 금연
943	止 그칠 지 N4	訓 とまる とめる 止まる 멎다, 서다 止める 멈추다, 세우다 音 シ 中止 중지 禁止 금지 停止 정지 防止 방지

일본어 필수 어휘 쓰기

01 (원하는 것을) 찾다 さがす

02 (잃어버린 것을) 찾다 さがす

03 숨기다 かくす

04 확인하다 たしかめる

05 조사하다 しらべる

06 모으다 あつめる

07 시험해 보다 ためす

08 지키다 まもる

09 빼앗다 うばう

10 유지하다 たもつ

11	떠받치다 ささえる		14	폭로하다 あばく
12	풀다 とく		15	완수하다 はたす
13	잘못 あやまり		16	멎다 とまる

일본어 한자 읽기

01	探検		09	保険
02	捜査		10	管理
03	確率		11	支度
04	調子		12	誤解
05	検査		13	暴力
06	編集		14	結果
07	試験		15	研究
08	留守		16	禁止

정답

일본어 필수 어휘 쓰기 1 探す 2 捜す 3 隠す 4 確かめる 5 調べる 6 集める 7 試す 8 守る 9 奪う 10 保つ 11 支える 12 解く 13 誤り 14 暴く 15 果たす 16 止まる

일본어 한자 읽기 1 たんけん 2 そうさ 3 かくりつ 4 ちょうし 5 けんさ 6 へんしゅう 7 しけん 8 るす 9 ほけん 10 かんり 11 したく 12 ごかい 13 ぼうりょく 14 けっか 15 けんきゅう 16 きんし

48. 성질

944 **正** 바를 정 N4

訓 ただしい　ただす　まさ
正しい 바르다, 옳다, 맞다

音 セイ　ショウ
正解 정답　正義 정의　正当 정당함　不正 부정
正々堂々 정정당당　正式 정식　正直 솔직히
正月 정월, 설　正体 정체

945 **偉** 훌륭할 위 N2

訓 えらい
偉い 장하다, 대단하다, 훌륭하다

音 イ
偉大 위대　偉人 위인

946 **勇** 날쌜 용 N2

訓 いさむ
勇ましい 용감하다

音 ユウ
勇気 용기

힘(力)이 솟아오른다(甬)고 하여 행동이 날쌔고 용감하다(勇)라는 뜻입니다.

947 **優** 넉넉할 우 N3

訓 やさしい　すぐれる
優しい 상냥하다, 다정하다　優れる 뛰어나다, 우수하다

音 ユウ
優勝 우승　優秀 우수　優先 우선　俳優 배우
女優 여배우　声優 성우　優柔不断 우유부단

948 **厳** 엄할 엄 N1 (嚴)

訓 きびしい　おごそか
厳しい 엄하다, 엄격하다, 호되다

音 ゲン　ゴン
厳重 엄중　厳格 엄격　厳密に 엄밀히　厳選 엄선

949

어질 현
N2

訓 かしこい
賢い 영리하다, 슬기롭다

音 ケン
賢明 현명함

950

날카로울 예
N2 鋭

訓 するどい
鋭い 날카롭다, 예리하다

音 エイ
鋭敏 예민

쇠(金)로 만든 무기 끝의 가는(兌) 부분을 뜻했는데, 이것이 날카롭다(鋭)라는 의미가 되었습니다.

951

무딜 둔
N2

訓 にぶい　にぶる
鈍い 둔하다, 무디다

音 ドン
鈍感 둔감　鈍くさい 굼뜨다, 느려 빠지다

952

평온할 온
N1 穏

訓 おだやか
穏やか 온화함, 평온함

音 オン
平穏 평온　穏便に 조용하고 원만하게

953
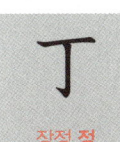
장정 정
N1

訓

音 テイ　チョウ
丁寧 공손함, 정중함, 주의 깊고 세심함　丁重 정중
〜丁目 거리의 단위

954
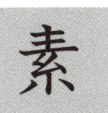
흴 소
N1

訓

音 ソ　ス
素材 소재　素直 순진함, 고분고분함　素顔 맨얼굴, 민낯
素晴らしい 훌륭하다, 멋지다　*素人 아마추어

955 純 순수할 순 N2

訓
音 ジュン

純粋 순수　単純 단순　不純 불순

956 情 뜻 정 N3 情

訓 なさけ
情けない 한심하다

音 ジョウ
情報 정보　情熱 정열　事情 사정　苦情 불평, 불만
表情 표정　感情 감정　同情 동정　友情 우정
愛情 애정

957 報 갚을 보 N3

訓 むくいる
報いる 보답하다, 갚다

音 ホウ
情報 정보　報告 보고　報道 보도　天気予報 일기예보

958 緒 실마리 서 N2 緒

訓
音 ショ　チョ
一緒に 함께　内緒 비밀　情緒 정서

실(糸)로 바느질을 하려는 사람(者)은 실마리를 찾아야 시작할 수 있다는 데서 실마리, 일의 시작, 처음(緒)을 뜻하게 되었습니다.

959 根 뿌리 근 N2

訓 ね
根 뿌리　屋根 지붕　箱根 하코네(지명)

音 コン
根性 근성　根拠 근거　大根 무　根本的 근본적
根気 끈기

960 性 성품 성 N3

音 セイ　ショウ

性格 성격　性質 성질　性別 성별　性能 성능
男性 남성　女性 여성　可能性 가능성　個性 개성
相性 궁합　根性 근성

961 格 격식 격 N3

音 カク　コウ

性格 성격　合格 합격　資格 자격　失格 실격
格好 모습, 모양　本格的 본격적　格闘技 격투기

962 資 재물 자 N2

音 シ

資格 자격　資源 자원　資金 자금　資料 자료
投資 투자

963 源 근원 원 N1

訓 みなもと
源 근원, 기원

音 ゲン
資源 자원　電源 전원　起源 기원

964 状 형상 상 N2 (狀)

音 ジョウ

状況 상황　状態 상태　年賀状 연하장　現状 현상
症状 증상

965 況 상황 황 N2

音 キョウ

状況 상황　不況 불황

966 態
모양 태 — N1
訓
音 タイ
態度 태도　狀態 상태　事態 사태　変態 변태

967 度
법도 도 — N4
訓 たび
この度 이번
音 ド　ト　タク
今度 이번, 이 다음　毎度 매번　一度 한번
何度も 몇 번이나　温度 온도　度胸 배짱　緯度 위도
軽度 경도　支度 채비, 준비

> 가게에서 손님에게 毎度라는 인사표현을 자주 쓰는데, 이는 毎度ありがとうございます(매번 감사합니다)의 준말이에요.

968 程
한도 정 — N2
訓 ほど
程なく 곧, 머지않아　程よく 알맞게, 적당하게
音 テイ
程度 정도　ある程度 어느 정도　過程 과정
課程 (학업의) 과정, 코스　方程式 방정식　日程 일정

969 極
다할 극 — N2
訓 きわめる　きわまる　きわみ
極める 극한에 이르다　極めて 극히, 대단히
音 キョク　ゴク
極度 극도　極端 극단　極限 극한　究極 궁극
南極 남극　積極的 적극적　消極的 소극적

일본어 필수 어휘 쓰기

01 바르다　ただしい _____　　04 상냥하다　やさしい _____

02 장하다　えらい _____　　05 엄하다　きびしい _____

03 용감하다　いさましい _____　　06 영리하다　かしこい _____

07 예리하다 するどい

08 둔하다 にぶい

09 온화함 おだやか

10 훌륭하다 すばらしい

11 한심하다 なさけない

12 지붕 やね

13 근원 みなもと

일본어 한자 읽기

01 正直

02 偉大

03 勇気

04 優勝

05 厳重

06 賢明

07 鈍感

08 穏便に

09 丁寧

10 素直

11 純粋

12 情報

13 内緒

14 根性

15 性格

16 資料

17 電源

18 状況

19 態度

20 程度

21 極端

정답

일본어 필수 어휘 쓰기 1 正しい 2 偉い 3 勇ましい 4 優しい 5 厳しい 6 賢い 7 鋭い 8 鈍い 9 穏やか 10 素晴らしい 11 情けない 12 屋根 13 源

일본어 한자 읽기 1 しょうじき 2 いだい 3 ゆうき 4 ゆうしょう 5 げんじゅう 6 けんめい 7 どんかん 8 おんびんに 9 ていねい 10 すなお 11 じゅんすい 12 じょうほう 13 ないしょ 14 こんじょう 15 せいかく 16 しりょう 17 でんげん 18 じょうきょう 19 たいど 20 ていど 21 きょくたん

49. 상태(1)

970 同 **같을 동** N4

訓 おなじ
同じ 같음　同い年 동갑

音 ドウ
同時に 동시에　同情 동정　同居 동거　同棲 (미혼 남녀의) 동거　同級生 동급생　同窓会 동창회　同僚 동료　同期 (학교 등의) 동기, 같은 시기　共通 공통　共同 공동

> 同居는 남녀 구분 없이 단순히 함께 사는 것을 의미하고, 同棲는 사귀는 사람이 함께 사는 것을 의미합니다. 그러니까 우리나라에서 말하는 '동거'는 同棲입니다.

971 違 **어길 위** N3

訓 ちがう　ちがえる
違う 다르다, 틀리다　間違い 틀림, 잘못, 실수　勘違い 착각　擦れ違う 마주(스쳐) 지나가다, 엇갈리다

音 イ
違反 위반　違法 위법　違和感 위화감

972 異 **다를 이** N2

訓 ことなる　こと
異なる 다르다, 같지 않다

音 イ
異常 이상(정상이 아님)　異議 이의(다른 의견)　異文化 이문화(다른 문화)

973 似 **같을 사** N2

訓 にる
似る 닮다　似合う 어울리다

音 ジ
類似 유사

974 具 **갖출 구** N2

訓

音 グ
具 수단, 건더기　具合 건강 상태, 형편　具体的 구체적　道具 도구　家具 가구　文房具 문방구

975
合 합할 합 N4

訓 あう　あわせる
- 合う 맞다, 어울리다
- 合わせる 합치다, 맞추다
- 似合う 어울리다
- 付き合う 사귀다, 동행하다
- 間に合う 시간에 늦지 않게 대다
- 待ち合わせ 약속하여 만나기로 함
- 打ち合わせ 협의, 회의
- 合図 신호
- 試合 시합
- 場合 경우
- 合気道 합기도

音 ゴウ　ガッ　カッ
- 合コン (이성 간의) 미팅
- 合格 합격
- 都合 형편, 사정
- 集合 집합
- 合計 합계
- 合理的 합리적
- 合宿 합숙
- 合併 합병

976
貧 가난할 빈 N2

訓 まずしい
- 貧しい 가난하다

音 ヒン　ビン
- 貧血 빈혈
- 貧乏 가난

재산(貝)이 나누어지니(分) 적어진다는 의미에서 가난하다(貧)라는 뜻을 가지게 되었습니다.

977
豊 풍년 풍 N2

訓 ゆたか
- 豊か 풍족함, 풍부함

音 ホウ
- 豊富 풍부
- 豊作 풍작

978
富 부자 부 N2

訓 とむ　とみ
- 富む 부유하다, 풍부하다

音 フ　フウ
- 貧富 빈부
- 富士山 후지산
- 豊富 풍부

집(宀)에 물건들이 가득하다(畐) 것에서 부유하다(富)는 의미를 갖게 되었습니다.

979
恵 은혜 혜 N2　恵

訓 めぐむ
- 恵まれる 혜택받다, 풍족하다

音 ケイ　エ
- 恩恵 은혜
- 知恵 지혜

980

恩 은혜 은 / N1

訓
音 オン
おんじん
恩人 은인　恩師 은사　恩返し 보은, 은혜를 갚음
おんけい
恩恵 은혜

> 恩を仇で返す는 '은혜를 원수로 갚다'라는 뜻입니다.

981

華 빛날 화 / N1

訓 はな
華やか 화려함, 화사함
音 カ　ケ
ちゅうか　　　　　　　　　はんかがい　　　　　ごうか
中華 중국요리, 중화　繁華街 번화가　豪華 호화로움

982

輝 빛날 휘 / N1

訓 かがやく
輝く 빛나다, 반짝이다
音 キ
きど
輝度 휘도

983

幼 어릴 유 / N2

訓 おさない
幼い 어리다　幼なじみ 소꿉친구, 어릴 때부터 친한 친구
音 ヨウ
ようちえん
幼稚園 유치원

> 가느다란 실(幺)처럼 힘(力)이 없다는 것에서 어리다(幼)는 의미를 갖게 되었습니다.

984

若 같을 약 / N3

訓 わかい
若い 젊다　若者 젊은이　若々しい 아주 젊다, 싱싱하다
音 ジャク
じゃっかん
若干 약간

> 若い時の苦労は買ってもせよ라는 말이 있는데, 우리말과 마찬가지로 '젊어서 고생은 사서도 한다'라는 뜻입니다.

985

老 늙을 로 / N2

訓 ふける　おいる
老ける 나이가 들다, 늙다　老いる 늙다
音 ロウ
ろうじん
老人ホーム 양로원

986

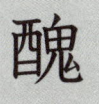

아름다울 미
N3

訓 うつくしい
美しい 아름답다

音 ビ
美人 미인　美容師 미용사　美術 미술

신에게 바치는 짐승으로 크고(大) 살찐 양(羊)이 좋다는 데서 아름답다(美)라는 의미가 되었습니다.

987

추할 추
N1

訓 みにくい
醜い 추하다, 보기 흉하다

音 シュウ
醜態 추태

988

바쁠 망
N3

訓 いそがしい
忙しい 바쁘다

音 ボウ
多忙 다망, 매우 바쁨

여러 가지 일로 마음(心)이 흩어져(亡) 안정되지 않는다는 뜻에서 바쁘다(忙)라는 의미가 되었습니다.

989

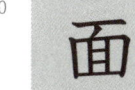

거를 가
N1

訓 ひま
暇 한가함　暇つぶし 심심풀이

音 カ
休暇 휴가

990

面

낯 면
N3

訓 おも　おもて　つら
面白い 재미있다　面 낯짝

音 メン
面倒 귀찮음, 돌봄　面倒くさい 몹시 귀찮다　面接 면접
面積 면적　表面 표면　画面 화면　正面 정면
場面 장면　面食い 얼굴만 보고 좋아함

991

退 물러날 퇴 N2

訓 しりぞく　しりぞける
退く 물러나다, 물러서다　退ける 물리치다, 거절하다

音 タイ
退屈 지루함, 따분함　退職 퇴직　退学 퇴학　退院 퇴원
引退 은퇴　中退 중퇴　早退 조퇴

992

屈 굽을 굴 N1

訓

音 クツ
退屈 지루함, 따분함　窮屈 갑갑함, 답답함, 비좁음
理屈 이치, 이론　卑屈 비굴함　屈辱 굴욕　屈折 굴절

일본어 필수 어휘 쓰기

01 같음 おなじ _____
02 다르다 ちがう _____
03 닮다 にる _____
04 맞다 あう _____
05 가난하다 まずしい _____
06 풍족함 ゆたか _____
07 혜택받다 めぐまれる _____
08 화려함 はなやか _____
09 빛나다 かがやく _____

10 어리다 おさない _____
11 젊다 わかい _____
12 늙다 ふける _____
13 아름답다 うつくしい _____
14 추하다 みにくい _____
15 바쁘다 いそがしい _____
16 한가함 ひま _____
17 재미있다 おもしろい _____

일본어 한자 읽기

01 同僚
02 違反
03 異常
04 具合
05 合格
06 貧乏
07 富士山
08 豊富
09 知恵
10 中華
11 幼稚園
12 若干
13 老人
14 美容師
15 休暇
16 面倒
17 退屈

정답

일본어 필수 어휘 쓰기 1 同じ 2 違う 3 似る 4 合う 5 貧しい 6 豊か 7 恵まれる 8 華やか 9 輝く 10 幼い 11 若い 12 老ける 13 美しい 14 醜い 15 忙しい 16 暇 17 面白い

일본어 한자 읽기 1 どうりょう 2 いはん 3 いじょう 4 ぐあい 5 ごうかく 6 びんぼう 7 ふじさん 8 ほうふ 9 ちえ 10 ちゅうか 11 ようちえん 12 じゃっかん 13 ろうじん 14 びようし 15 きゅうか 16 めんどう 17 たいくつ

50. 상태(2)

993 **静** 고요할 정 N2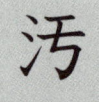
- 訓 しず　しずか　しずめる　しずまる
  - 静か 조용함　静める 가라앉히다, 진정시키다
  - 静岡 시즈오카(지명)
- 音 セイ　ジョウ
  - 冷静 냉정　静電気 정전기

994 **汚** 더러울 오 N3
- 訓 きたない　けがらわしい　よごれる　けがれる　よごす　けがす
  - 汚い 더럽다　汚れる 더러워지다, 때묻다
- 音 オ
  - 汚染 오염

고인(亏) 물(氵=水)은 더럽다(汚)는 의미입니다.

995 **清** 맑을 청 N2
- 訓 きよい　きよめる　きよまる
  - 清い 맑다, 깨끗하다　清める 깨끗이 하다, 부정을 씻다
  - 清らか 맑음, 깨끗함
- 音 セイ　ショウ
  - 清潔 청결　清涼飲料 청량음료

996 **潔** 깨끗할 결 N1
- 訓 いさぎよい
  - 潔い 맑고 깨끗하다, 떳떳하다
- 音 ケツ
  - 清潔 청결　不潔 불결　純潔 순결

997 **鮮** 고울 선 N1
- 訓 あざやか
  - 鮮やか 산뜻함, 선명함
- 音 セン
  - 新鮮 신선　鮮明 선명　北朝鮮 북한, 북조선

998
위태할 위
N3

訓 あぶない あやうい あやぶむ
危ない 위험하다

音 キ
危険 위험　危機 위기

999
험할 험
N3　険

訓 けわしい
険しい 가파르다, 험하다, 험악하다, 험상궂다

音 ケン
危険 위험　保険 보험　冒険 모험

1000
거칠 황
N2

訓 あらい あれる あらす
荒い 거칠다, 난폭하다

音 コウ
荒野 황야

1001
과격할 격
N1

訓 はげしい
激しい 심하다, 세차다, 격렬하다

音 ゲキ
感激 감격　刺激 자극　激励 격려　激安 초저가
激怒 격노, 분격, 매우 노함

1002
보배 진
N2

訓 めずらしい
珍しい 드물다, 희귀하다, 희한하다

音 チン
珍味 진미

1003
기이할 괴
N1

訓 あやしい あやしむ
怪しい 수상하다, 의심스럽다

音 カイ
怪物 괴물　怪奇 괴기　妖怪 요괴

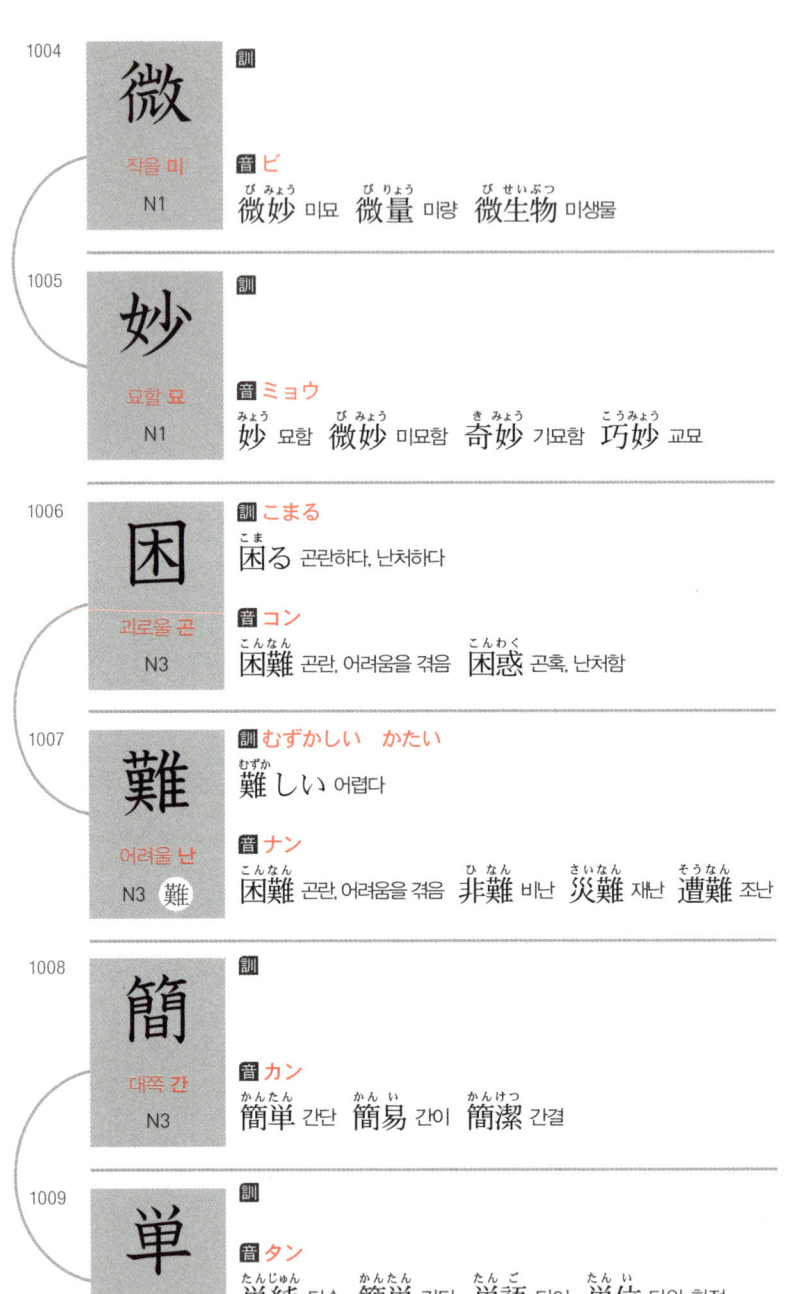

1010 複 겹칠 복 N2

訓
音 フク

複雑 복잡　複数 복수

※ 옷(衣)을 반복해서 (复) 입는다 즉 겹쳐 입는다는 것에서 겹치다(複)라는 의미가 되었습니다.

1011 雜 섞일 잡 N2 [雑]

訓
音 ザツ　ゾウ

複雜 복잡　混雜 혼잡　雜音 잡음　雜誌 잡지
雜草 잡초　雜巾 걸레

1012 混 섞을 혼 N3

訓 まぜる　まざる　まじる

混ぜる 섞다, 혼합하다　混ざる 섞이다

音 コン

混雜 혼잡　混乱 혼란　混同 혼동

1013 乱 어지러울 란 N2

訓 みだれる　みだす

乱れる 흐트러지다, 문란해지다　乱す 흩뜨리다, 어지럽히다

音 ラン

混乱 혼란　乱暴 난폭, 거침

1014 込 담을 입 N3 일본한자

訓 こむ　こめる

込む 붐비다, 혼잡하다　落ち込む 의기소침하다
申し込み 신청　見込み 전망, 기망
忍び込む 숨어들다, 몰래 들어가다

音

※ 首を突っ込む 는 '(필요 이상으로) 관여하다', 心を込める는 '정성을 기울이다'라는 뜻입니다.

1015 囲 둘레 위 N2

訓 かこむ　かこう

囲む 둘러싸다

音 イ

周囲 주위　範囲 범위　包囲 포위　雰囲気 분위기

일본어 필수 어휘 쓰기

01 조용함 しずか
02 더럽다 きたない
03 산뜻함 あざやか
04 위험하다 あぶない
05 가파르다 けわしい
06 거칠다 あらい
07 심하다 はげしい
08 드물다 めずらしい
09 수상하다 あやしい
10 곤란하다 こまる
11 어렵다 むずかしい
12 섞다 まぜる
13 흐트러지다 みだれる
14 붐비다 こむ
15 둘러싸다 かこむ

일본어 한자 읽기

01 冷静
02 汚染
03 清潔
04 新鮮
05 危険
06 感激
07 怪物
08 微妙
09 困難
10 簡単
11 複雑
12 混乱
13 雰囲気

정답

일본어 필수 어휘 쓰기 1 静か 2 汚い 3 鮮やか 4 危ない 5 険しい 6 荒い 7 激しい 8 珍しい 9 怪しい 10 困る 11 難しい 12 混ぜる 13 乱れる 14 込む 15 囲む

일본어 한자 읽기 1 れいせい 2 おせん 3 せいけつ 4 しんせん 5 きけん 6 かんげき 7 かいぶつ 8 びみょう 9 こんなん 10 かんたん 11 ふくざつ 12 こんらん 13 ふんいき

51. 현상(1)

1016 壊 — 무너질 괴 — N1

訓 こわす　こわれる
壊す 부수다, 고장을 내다　壊れる 깨지다, 고장이 나다

音 カイ
破壊 파괴　破滅 파멸

> 일본어로 '배탈이 나다'는 腹を壊す입니다.

1017 直 — 곧을 직 — N3

訓 なおす　なおる　ただちに
直す 고치다, 수리하다　見直す 다시 보다
やり直す 다시 하다　直る 고쳐지다, 좋아지다
素直 순진함, 고분고분함　直ちに 곧, 즉시

音 チョク　ジキ
直接 직접　直線 직선　直前 바로 앞, 직전　直感 직감
正直 솔직히

> 直す(고치다, 수리하다)의 반대말인 壊す(고장을 내다), 壊れる(고장이 나다)도 함께 알아두세요.

1018 接 — 이을 접 — N3

訓 つぐ

音 セツ
接続 접속　面接 면접　直接 직접　接待 접대
接点 접점

1019 割 — 나눌 할 — N3

訓 わる　わり　われる　さく
割る 깨다, 쪼개다, 나누다　割引 할인　割り勘 각자 부담
水割り 술에 물을 타서 묽게 함　割れる 깨지다, 쪼개지다
役割 역할

音 カツ
分割 분할

> 칼(刂=刀)로 베어 해친다(害)는 것으로 베다, 가르다, 나누다(割)라는 의미입니다.

1020 破 — 깨뜨릴 파 — N2

訓 やぶる　やぶれる
破る 찢다, 깨다, 깨다　破れる 찢어지다, 깨지다

音 ハ
破壊 파괴　破産 파산　爆破 폭파

> 돌(石)로 동물의 가죽(皮)을 벗기는 것에서 찢다, 부수다(破)라는 의미가 되었습니다.

1021

불 터질 폭
N2

訓
音 バク

ばくはつ　ばくは　ばくだん　ばくちく
爆発 폭발　爆破 폭파　爆弾 폭탄　爆竹 폭죽
ばくしょう
爆笑 폭소

> 불(火)로 인해서 무엇이 찢어지거나 터지는(暴) 것에서 폭발하다(爆)라는 의미입니다.

1022

부풀 팽
N1

訓 ふくらむ　ふくれる
ふく
膨らむ 부풀다, 불룩해지다

音 ボウ
ぼうだい　ぼうちょう
膨大 방대함　膨張 팽창

1023

벼락 진
N3

訓 ふるう　ふるえる
ふる
震える 떨리다, (가볍게) 흔들리다

音 シン
じしん　しんどう　しんど
地震 지진　震動 진동　震度 진도(지진의 강도)

> 비(雨)가 올 때 별(辰)처럼 번쩍인다는 것에서 천둥, 나아가 진동하다(震)라는 의미입니다.

1024

흔들릴 요
N1　搖

訓 ゆれる　ゆる　ゆらぐ　ゆるぐ　ゆする
ゆ
揺れる 흔들리다

音 ヨウ
どうよう
動揺 동요

1025

샐 루
N1

訓 もる　もれる　もらす
も　　　　　　　　　　　　　　　も
漏れる 새다, 누설되다　漏らす 새게 하다, 누설하다

音 ロウ
ろうすい
漏水 누수

1026

詰

꾸짖을 힐
N2

訓 つめる　つまる　つむ
つ　　　　　　　　　　　　　　　　と　つ
詰める 채우다, 좁히다　問い詰める 캐묻다, 추궁하다
かんづめ　　　　　　　　　　つ
缶詰 통조림　詰まる 가득 차다, 막히다

音 キツ
きつもん
詰問 힐문

1027

변할 변
N3 (變)

訓 かわる　かえる
変わる 변하다, 바뀌다, 색다르다, 별나다
変える 바꾸다, 변경하다, 옮기다

音 ヘン
変 이상함　大変 큰일, 대단히　変更 변경　変態 변태
変人 괴짜　変身 변신

変わる는 '변하다, 바뀌다, 색다르다, 별나다'라는 뜻으로 色が変わる(색이 변하다), 信号が変わる(신호가 바뀌다), 住所が変わる(주소가 바뀌다)와 같이 사용합니다.
変える는 '바꾸다, 변경하다, 옮기다'라는 뜻으로 計画を変える(계획을 변경하다), 位置を変える(위치를 옮기다)와 같이 사용합니다.

1028

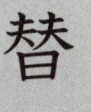
다시 갱, 고칠 경
N2

訓 ふける　ふかす　さら
夜更け 밤이 깊어짐　夜更かし 밤 늦게까지 잠을 안 잠

音 コウ
更新 갱신　変更 변경

1029

바꿀 체
N3

訓 かえる　かわる
替える (새것으로) 갈다, 교체하다　両替 환전, 잔돈 교환
着替える 옷을 갈아입다

音 タイ
交替 교체

替える는 '새것으로 갈다, 교체하다'라는 뜻으로 古い機械を替える(오래된 기계를 갈다)와 같이 사용합니다.

1030

바꿀 환
N3

訓 かえる　かわる
換える (서로) 바꾸다, 교환하다　乗り換え 환승

音 カン
交換 교환　転換 전환　換気 환기　換算 환산

換える는 '(서로) 바꾸다, 교환하다'라는 뜻으로 小切手を現金に換える(수표를 현금으로 바꾸다)와 같이 사용합니다.

1031

代
대신할 대
N4

訓 かわる　かえる　よ　しろ
代わる 대신하다　代わり 대리, 대용
お代わり 한 그릇 더 먹음

音 ダイ　タイ
代表 대표　時代 시대, 시절　10代 10대　代名詞 대명사
交代 교대

代わる는 '대신하다'라는 뜻으로 彼女に代わる人(그녀를 대신할 사람), 彼に代わって参加する(그를 대신해 참가하다)와 같이 사용합니다.

1032
물들일 염
N1

訓 そめる　そまる　しみる　しみ
染める 물들이다, 염색하다　染み 얼룩, 기미

音 セン
汚染 오염　感染 감염　伝染 전염　染色 염색
染料 염료

1033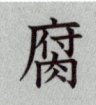
썩을 부
N1

訓 くさる　くされる　くさらす
腐る 썩다, 부패하다

音 フ
腐敗 부패　腐食 부식　豆腐 두부　防腐剤 방부제

1034
굽을 곡
N3

訓 まがる　まげる
曲がる 구부러지다, 방향을 바꾸다　曲げる 구부리다, 굽히다

音 キョク
曲 곡　作曲 작곡　新曲 신곡　曲線 곡선

1035
그림자 영
N1

訓 かげ
影 그림자　影武者 적을 속이기 위해 대장처럼 가장해놓은 무사

音 エイ
影響 영향　撮影 촬영

1036
울릴 향
N1

訓 ひびく
響く 울리다, 메아리치다　響き 울림, 메아리

音 キョウ
影響 영향　音響 음향　反響 반향, 메아리

고요한 시골(鄕)에서는 소리(音)가 잘 울려(響) 퍼진다는 의미입니다.

일본어 필수 어휘 쓰기

01 부수다 こわす
02 고치다 なおす
03 깨다 わる
04 찢다 やぶる
05 부풀다 ふくらむ
06 떨리다 ふるえる
07 흔들리다 ゆれる
08 새다 もれる
09 막히다 つまる
10 변하다 かわる
11 교체하다 かえる
12 교환하다 かえる
13 대신하다 かわる
14 물들이다 そめる
15 썩다 くさる
16 구부러지다 まがる
17 그림자 かげ
18 울리다 ひびく

일본어 한자 읽기

01 破壊
02 直接
03 破産
04 爆発
05 地震
06 変更
07 交換
08 代表
09 伝染
10 豆腐
11 曲線
12 影響

정답

일본어 필수 어휘 쓰기 1 壊す 2 直す 3 割る 4 破る 5 膨らむ 6 震える 7 揺れる 8 漏れる 9 詰まる 10 変わる 11 替える 12 換える 13 代わる 14 染める 15 腐る 16 曲がる 17 影 18 響く

일본어 한자 읽기 1 はかい 2 ちょくせつ 3 はさん 4 ばくはつ 5 じしん 6 へんこう 7 こうかん 8 だいひょう 9 でんせん 10 とうふ 11 きょくせん 12 えいきょう

52. 현상(2)

1037 浮 뜰 부 N2
- 訓 うく　うかぶ　うかべる　うかれる
- 浮かぶ 뜨다, 떠오르다　浮かべる 띄우다, 떠올리다
- 浮気 바람(기)
- 音 フ
- 浮上 부상　浮力 부력

1038 沈 가라앉을 침 N2
- 訓 しずむ　しずめる
- 沈む 가라앉다, 지다
- 音 チン
- 沈没 침몰　沈黙 침묵

> 물(冫) 속 깊이 아래로 늘어뜨린다(冘)는 데서 가라앉다(沈)라는 의미가 되었습니다.

1039 増 더할 증 N3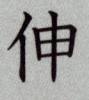
- 訓 ふえる　ふやす　ます
- 増える 늘다, 불어나다　増やす 늘리다, 불리다
- 増す 늘다, 늘리다, 더하다
- 音 ゾウ
- 増加 증가　増大 증대　急増 급증　増減 증감

> 흙(土)을 겹쳐 쌓는다(曽)는 데서 더하다, 늘어나다(増)라는 의미입니다.

1040 減 덜 감 N3
- 訓 へる　へらす
- 減る 줄다　減らす 줄이다
- 音 ゲン
- 減少 감소　減量 감량　減退 감퇴　削減 삭감

1041 伸 펼 신 N2
- 訓 のびる　のばす
- 伸びる 자라다, 신장하다, 펴지다
- 伸ばす 펴다, 신장시키다, 기르다　背伸び 발돋움함
- 音 シン
- 伸縮 신축　追伸 추신

> 伸びる는 '자라다, 신장하다, 펴지다'라는 뜻으로 背が伸びる(키가 자라다), 売り上げが伸びる(매상이 늘다)와 같이 씁니다.

1042 延
끌 연
N2

訓 のびる　のばす　のべる
延びる (시간, 거리가) 연장되다, 길어지다, 연기되다
延ばす 연장하다, 연기하다

音 エン
延長 연장　延期 연기

の
延びる는 '연장되다, 길어지다, 연기되다'라는 뜻으로 寿命が延びる(수명이 길어지다), 締め切りが延びる(마감이 연기되다)와 같이 사용합니다.

1043 縮
줄어들 축
N1

訓 ちぢむ　ちぢまる　ちぢめる　ちぢれる
縮む 줄다, 위축되다　縮まる 오그라들다, 줄어들다
縮める 줄이다, 움츠리다

音 シュク
縮小 축소　圧縮 압축

1044 残
남을 잔
N3

訓 のこる　のこす
残る 남다　残す 남기다　残り 남은 것, 나머지

音 ザン
残業 잔업　残高 잔액　残念 유감스러움, 아쉬움
残酷 잔혹　残骸 잔해

のこ
残る는 '없어지지 않고 남다(아직 있다)'라는 뜻으로, ご飯が残る(밥이 남다), 傷が残る(상처가 남다), 疑問が残る(의문이 남다), 遅くまで会社に残って仕事をする(늦게까지 회사에 남아서 일하다)와 같이 사용합니다.

1045 念
생각 념
N3

訓
音 ネン
残念 유감스러움, 아쉬움　記念 기념　念願 염원
念のため 만약을 위해　雑念 잡념　概念 개념

1046 余
나 여
N2

訓 あまる　あます
余る 남다　余り 나머지, 여분

音 ヨ
余計 쓸데없음, 불필요함　余裕 여유　余分 여분

あま
余る는 '(너무 많아서) 남다', '(수량 등이 어느 기준을) 넘다, 능력 이상이다, 넘치다'라는 뜻이어서, 会費が余る(회비가 남다), 千人に余る観客(천명이 넘는 관객), 手に余る(힘에 겹다, 벅차다), 身に余る(분에 넘치다)와 같이 사용합니다.

1047

쌓을 적
N2

訓 つもる　つむ
積もる 쌓이다　積む 쌓다　見積もり 견적

音 セキ
面積 면적　積雪量 적설량　*積極的 적극적

1048

낄 협
N2　挾

訓 はさむ　はさまる
挟む 끼우다, 집다　挟まる 사이에 끼이다

音 キョウ

1049

사를 연
N2

訓 もえる　もやす　もす
燃える 불타다　燃やす 불태우다　燃え盛る 활활 타다

音 ネン
燃料 연료　燃焼 연소

燃える(불타다)와 消える(꺼지다, 사라지다)는 반의어로 함께 알아두세요.

1050

사라질 소
N3

訓 きえる　けす
消える 꺼지다, 사라지다, 지워지다　消す 끄다, 없애다, 지우다
消しゴム 지우개　取り消し 취소

音 ショウ
消費税 소비세　消火器 소화기　消防車 소방차
消極的 소극적　解消 해소

1051

영화 영
N2　榮

訓 さかえる　はえる　はえ
栄える 번영하다, 번창하다　栄え 영광

音 エイ
栄養 영양　光栄 영광

栄える(번영하다)와 滅びる(멸망하다)는 반의어로 함께 알아두세요.

1052

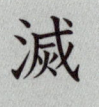

멸망할 멸
N1

訓 ほろびる　ほろぼす
滅びる 망하다, 멸망하다　滅ぼす 멸망시키다, 망하게 하다

音 メツ
滅亡 멸망　破滅 파멸　消滅 소멸　点滅 점멸

1053
마를 고 / N2

- 訓 かれる　からす
  - 枯れる 마르다, 시들다
- 音 コ
  - 枯渇 고갈

1054
얼 동 / N3

- 訓 こおる　こごえる
  - 凍る 얼다
- 音 トウ
  - 凍結 동결　冷凍 냉동　解凍 해동

> 凍る(얼다)와 溶ける(녹다)는 반의어로 함께 알아두세요.

1055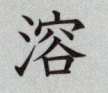
녹을 용 / N2

- 訓 とける　とかす　とく
  - 溶ける 녹다　溶かす 녹이다
- 音 ヨウ
  - 溶液 용액　溶解 용해　溶岩 용암

1056
담을 성 / N1

- 訓 もる　さかん　さかる
  - 盛り上がる (분위기가) 달아오르다, 고조되다
  - 大盛り (음식 등을) 수북하게 담은 것　盛ん 번성함, 유행함, 왕성함
- 音 セイ　ジョウ
  - 盛大 성대

1057
억조 조 / N2

- 訓 きざす　きざし
  - 兆し 징조, 조짐
- 音 チョウ
  - 兆候 징후　2兆円 2조엔

일본어 필수 어휘 쓰기

01 뜨다 うかぶ _____

02 가라앉다 しずむ _____

03 늘다 ふえる _____

04 줄다 へる _____

05 자라다 のびる
06 연장되다 のびる
07 줄다 ちぢむ
08 남다 のこる
09 나머지 あまり
10 쌓이다 つもる
11 끼우다 はさむ
12 불타다 もえる
13 꺼지다 きえる
14 번영하다 さかえる
15 멸망하다 ほろびる
16 마르다 かれる
17 얼다 こおる
18 녹다 とける
19 고조되다 もりあがる

일본어 한자 읽기

01 沈没
02 増加
03 減少
04 追伸
05 延長
06 圧縮
07 残念
08 余裕
09 面積
10 燃料
11 消費税
12 栄養
13 滅亡
14 冷凍
15 溶液
16 盛大

정답

일본어 필수 어휘 쓰기 1 浮かぶ 2 沈む 3 増える 4 減る 5 伸びる 6 延びる 7 縮む 8 残る 9 余り 10 積もる 11 挟む 12 燃える 13 消える 14 栄える 15 滅びる 16 枯れる 17 凍る 18 溶ける 19 盛り上がる

일본어 한자 읽기 1 ちんぼつ 2 ぞうか 3 げんしょう 4 ついしん 5 えんちょう 6 あっしゅく 7 ざんねん 8 よゆう 9 めんせき 10 ねんりょう 11 しょうひぜい 12 えいよう 13 めつぼう 14 れいとう 15 ようえき 16 せいだい

53. 집

1058 屋 집 옥 N4

訓 や
- 部屋(へや) 방
- 屋台(やたい) 포장마차
- 居酒屋(いざかや) 일본식 술집
- 本屋(ほんや) 서점, 책방
- 花屋(はなや) 꽃가게
- 屋根(やね) 지붕

音 オク
- 屋上(おくじょう) 옥상

1059 窓 창문 창 N3

訓 まど
- 窓(まど) 창, 창문
- 窓口(まどぐち) 창구

音 ソウ
- 同窓会(どうそうかい) 동창회

1060 戸 지게 호 N3

訓 と
- 戸(と) 문, 문짝
- 戸締(とじ)まり 문단속
- 戸惑(とまど)う 당황하다, 망설이다
- 江戸時代(えどじだい) 에도 시대

音 コ
- 戸籍(こせき) 호적
- 一戸建(いっこだ)て 단독주택

1061 壁 벽 벽 N2

訓 かべ
- 壁(かべ) 벽, 장벽

音 ヘキ
- 壁面(へきめん) 벽면
- 壁画(へきが) 벽화
- 絶壁(ぜっぺき) 절벽

'낮말은 새가 듣고, 밤말은 쥐가 듣는다'라는 말을 일본에서는 壁(かべ)に耳(みみ)あり障子(しょうじ)に目(め)あり(벽에는 귀가 있고, 장지에는 눈이 있다)라고 합니다.

1062 床 상 상 N2

訓 とこ ゆか
- 床屋(とこや) 이발소
- 床(ゆか) 마루

音 ショウ
- 起床(きしょう) 기상

1063 庭 — 뜰 정 (N2)

- **訓** にわ
  - 庭(にわ) 뜰, 마당
- **音** テイ
  - 家庭(かてい) 가정　校庭(こうてい) 교정　庭園(ていえん) 정원

1064 畳 — 겹처질 첩 (N2) 〔疊〕

- **訓** たたむ／たたみ
  - 畳(たた)む 개다, 접다　畳(たたみ) 다다미
- **音** ジョウ
  - 畳(じょう) ~장(다다미 장수)

1065 財 — 재물 재 (N2)

- **訓**
- **音** ザイ／サイ
  - 財産(ざいさん) 재산　財政(ざいせい) 재정　財務省(ざいむしょう) 재무성　文化財(ぶんかざい) 문화재
  - 財布(さいふ) 지갑

1066 布 — 베 포 (N2)

- **訓** ぬの
  - 布(ぬの) 직물
- **音** フ
  - 布団(ふとん) 이불　財布(さいふ) 지갑　布巾(ふきん) 행주

1067 団 — 둥글 단 (N2) 〔團〕

- **訓**
- **音** ダン／トン
  - 団体(だんたい) 단체　集団(しゅうだん) 집단　団結(だんけつ) 단결　団子(だんご) 경단
  - 布団(ふとん) 이불　座布団(ざぶとん) 방석

1068 枕 — 베개 침 (N1)

- **訓** まくら
  - 枕(まくら) 베개　枕元(まくらもと) 머리맡, 베갯머리　腕枕(うでまくら) 팔베개
- **音** チン

花(はな)より団子(だんご)(꽃보다 경단)는 '허울보다는 실속을 쫓는다'라는 말로, 일본 드라마 제목 花(はな)より男子(だんご)(꽃보다 남자)는 원래 있던 표현에 한자를 바꿔 다른 의미가 된 것입니다.

일본어 한자 암기비법 1200

1069 掃 쓸 소 N2 掃
訓 はく
掃く 쓸다
音 ソウ
掃除 청소

1070 除 덜 제 N2
訓 のぞく
除く 없애다, 제외하다
音 ジョ ジ
除外 제외 掃除 청소

1071 拭 닦을 식 N1
訓 ふく　ぬぐう
拭く 닦다 拭う 닦다, 지우다
音 ショク シキ

1072 宅 집 택 N3
訓
音 タク
お宅 댁(상대편 가정의 높임말) 自宅 자택 住宅 주택
帰宅 귀가

1073 軒 집 헌 N2
訓 のき
軒 처마 軒先 처마 끝, 집 앞
音 ケン
一軒 집 한 채

1074 柱 기둥 주 N2
訓 はしら
柱 기둥
音 チュウ
電柱 전신주, 전봇대 円柱 원주

집을 버티게 하는 주(主)된 역할을 하는 것이 나무(木)라는 것에서 기둥(柱)을 의미합니다.

1075

灯 등 등

N2 燈

訓 ひ
灯 불빛, 등불

音 トウ
灯台 등대　灯油 등유　電灯 전등

1076

層 층 층

N2 層

訓
音 ソウ
一層 한층 더, 더욱　高層ビル 고층빌딩

일본어 필수 어휘 쓰기

01 방 へや
02 창 まど
03 문단속 とじまり
04 벽 かべ
05 마루 ゆか
06 뜰 にわ
07 다다미 たたみ
08 베개 まくら
09 쓸다 はく
10 없애다 のぞく
11 닦다 ふく
12 기둥 はしら

일본어 한자 읽기

01 屋上
02 同窓会
03 一戸建
04 絶壁
05 起床
06 家庭
07 財布
08 布団
09 掃除
10 住宅
11 一軒
12 電柱
13 電灯
14 一層

정답

일본어 필수 어휘 쓰기 1 部屋 2 窓 3 戸締り 4 壁 5 床 6 庭 7 畳 8 枕 9 掃く 10 除く 11 拭く 12 柱

일본어 한자 읽기 1 おくじょう 2 どうそうかい 3 いっこだて 4 ぜっぺき 5 きしょう 6 かてい 7 さいふ 8 ふとん 9 そうじ 10 じゅうたく 11 いっけん 12 でんちゅう 13 でんとう 14 いっそう

54. 장소

1077 場 마당 장 N4

- 訓 ば
  - 場所 (ばしょ) 장소
  - 場合 (ばあい) 경우
  - 立場 (たちば) 입장
  - 市場 (いちば) 시장
  - 職場 (しょくば) 직장
  - 現場 (げんば) 현장
  - 本場 (ほんば) 본고장
  - 広場 (ひろば) 광장
  - 土壇場 (どたんば) 막판
- 音 ジョウ
  - 登場 (とうじょう) 등장
  - 工場 (こうじょう) 공장
  - 牧場 (ぼくじょう) 목장

1078 所 바 소 N4

- 訓 ところ
  - 所 (ところ) 곳, 장소
  - 台所 (だいどころ) 부엌, 주방
- 音 ショ
  - 場所 (ばしょ) 장소
  - 近所 (きんじょ) 근처, 이웃
  - 住所 (じゅうしょ) 주소
  - 所属 (しょぞく) 소속
  - 事務所 (じむしょ) 사무실
  - 区役所 (くやくしょ) 구청

1079 居 살 거 N2

- 訓 いる
  - 居所 (いどころ) 있는 곳, 거처
  - 居眠り (いねむり) 앉아서 졺
  - 居心地 (いごこち) 어떤 장소에 있을 때의 느낌
  - 居間 (いま) 거실
  - 居酒屋 (いざかや) 일본식 술집
  - *芝居 (しばい) 연기
- 音 キョ
  - 同居 (どうきょ) 동거

> 居心地(いごこち)는 어떤 장소에 있을 때의 느낌을 말하는데, 居心地が いい라고 하면 '편안하다, 아늑하다'라는 뜻이고, 居心地が 悪(わる)い라고 하면 '불편하다'라는 뜻입니다.

1080 貯 쌓을 저 N2

- 訓
- 音 チョ
  - 貯金 (ちょきん) 저금
  - 貯蔵 (ちょぞう) 저장
  - 貯蓄 (ちょちく) 저축

1081 蔵 감출 장 N3

- 訓 くら
  - 蔵 (くら) 곳간, 창고
- 音 ゾウ
  - 貯蔵 (ちょぞう) 저장
  - 冷蔵庫 (れいぞうこ) 냉장고
  - 内蔵 (ないぞう) 내장

1082
곳집 고
N3

訓
音 コ
きんこ 金庫 금고　そうこ 倉庫 창고　れいぞうこ 冷蔵庫 냉장고

수레(車)를 넣어두는 집(广)이라는 것에서 창고(庫)를 의미합니다.

1083
공변될 공
N3

訓 おおやけ
おおやけ 公 국가, 공공

音 コウ
こうえん 公園 공원　こうえん 公演 공연　こうしゅう 公衆 공중　こうがい 公害 공해
こうへい 公平 공평　こうしき 公式 공식　こうむいん 公務員 공무원　しゅじんこう 主人公 주인공
こうかい 公開 공개

1084
동산 원
N3

訓 その
はなぞの 花園 화원

音 エン
こうえん 公園 공원　ようちえん 幼稚園 유치원　どうぶつえん 動物園 동물원
ゆうえんち 遊園地 유원지　らくえん 楽園 낙원　えんちょう 園長 원장

1085
돈 전
N1 錢

訓 ぜに
こぜに 小銭 잔돈

音 セン
せんとう 銭湯 대중 목욕탕　きんせん 金銭 금전

1086
끓일 탕
N3

訓 ゆ
ゆ お湯 끓인 물, 따뜻한 목욕물　ゆげ 湯気 김, 수증기

音 トウ
せんとう 銭湯 대중 목욕탕

물(氵)을 따뜻하게(昜) 끓인다(湯)는 의미입니다.

1087
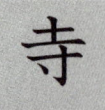
절 사
N3

訓 てら
寺 절　清水寺 청수사(교토의 유명한 절)

音 ジ
金閣寺 금각사

1088
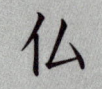
부처 불
N2　佛

訓 ほとけ
仏 부처

音 ブツ
仏教 불교　仏像 불상

> '모르는 게 약'이라는 말을 일본에서는 知らぬが仏라고 합니다.

1089

항구 항
N3

訓 みなと
港 항구

音 コウ
空港 공항　横浜港 요코하마 항　*香港 홍콩

1090

물굽이 만
N2　灣

訓

音 ワン
港湾 항만　台湾 타이완

1091

들 교
N2

訓

音 コウ
郊外 교외　近郊 근교

1092

숯 탄
N2

訓 すみ
炭 숯, 목탄

音 タン
炭素 탄소　炭酸 탄산　石炭 석탄　炭鉱 탄광

> 산(山)의 동굴(厂)에서 불(火)을 피워 나무를 태운 것이라는 데서 숯(炭)이라는 의미가 되었습니다.

1093 鉱

쇳돌 광 N2 (鑛)

訓
音 コウ
こうざん 鉱山 광산　こうぶつ 鉱物 광물　たんこう 炭鉱 탄광

1094 橋

다리 교 N3

訓 はし
はし 橋 다리, 교량
音 キョウ
ほどうきょう 歩道橋 육교　てっきょう 鉄橋 철교

1095 城

재 성 N2

訓 しろ
しろ 城 성
音 ジョウ
おおさかじょう 大阪城 오사카 성

흙(土)으로 이루어진 (成) 번화한 곳, 도읍이라는 것에서 성(城)을 의미하게 되었습니다.

1096 塔

탑 탑 N2

訓
音 トウ
てっとう 鉄塔 철탑　かんせいとう 管制塔 관제탑

일본어 필수 어휘 쓰기

01 장소 ばしょ
02 부엌 だいどころ
03 거처 いどころ
04 화원 はなぞの
05 잔돈 こぜに
06 끓인 물 おゆ
07 절 てら
08 부처 ほとけ
09 항구 みなと
10 다리 はし
11 성 しろ

일본어 한자 읽기

01 登場
02 事務所
03 同居
04 貯金
05 貯蔵
06 金庫
07 公園
08 銭湯
09 金閣寺
10 仏教
11 空港
12 台湾
13 郊外
14 石炭
15 鉱山
16 歩道橋
17 大阪城
18 管制塔

> **정답**
> 일본어 필수 어휘 쓰기 1 場所 2 台所 3 居所 4 花園 5 小銭 6 お湯 7 寺 8 仏 9 港 10 橋 11 城
> 일본어 한자 읽기 1 とうじょう 2 じむしょ 3 どうきょ 4 ちょきん 5 ちょぞう 6 きんこ 7 こうえん 8 せんとう 9 きんかくじ 10 ぶっきょう 11 くうこう 12 たいわん 13 こうがい 14 せきたん 15 こうざん 16 ほどうきょう 17 おおさかじょう 18 かんせいとう

55. 마을

1097 町 / 밭두둑 정 / N4
- 訓 まち
  - 町 읍내, 시내
  - 港町(みなとまち) 항구 도시
- 音 チョウ
  - 町(ちょう) 우리나라의 '읍/동'에 해당하는 일본의 행정구역

> 町는 행정구역 상의 '읍내'나 '시내'를 의미하고, 街는 '상점가'나 '번화한 거리'를 의미합니다.

1098 街 / 거리 가 / N1
- 訓 まち
  - 街 번화한 거리, 상가 등이 밀집한 곳
  - 街角(まちかど) 길모퉁이
- 音 ガイ カイ
  - 商店街(しょうてんがい) 상점가
  - 繁華街(はんかがい) 번화가

1099 農 / 농사 농 / N2
- 訓
- 音 ノウ
  - 農業(のうぎょう) 농업
  - 農家(のうか) 농가
  - 農民(のうみん) 농민
  - 農作物(のうさくもつ) 농작물

1100 村 / 마을 촌 / N4
- 訓 むら
  - 村(むら) 마을
- 音 ソン
  - 農村(のうそん) 농촌
  - 漁村(ぎょそん) 어촌

1101 漁 / 고기 잡을 어 / N2
- 訓
- 音 ギョ リョウ
  - 漁業(ぎょぎょう) 어업
  - 漁船(ぎょせん) 어선
  - 漁師(りょうし) 어부

> 물(水) 속에 숨어있는 물고기(魚)를 잡는다는 것에서 고기잡이(漁)라는 의미가 되었습니다.

1102 京 / 서울 경 / N4
- 訓
- 音 キョウ ケイ
  - 京都(きょうと) 교토
  - 東京(とうきょう) 도쿄
  - 上京(じょうきょう) 상경

| 1103 | 都
도읍 도
N4 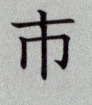 | 訓 みやこ
都 수도, 도시
音 ト　ツ
都会 도회, 도시 지역　都市 도시　都合 형편, 사정
京都 교토 | 사람(者)이 모여 사는 마을(阝)이라는 것에서 도읍, 도회지(都)라는 의미를 갖게 되었습니다. |

| 1104 | 市
저자 시
N4 | 訓 いち
市場 (재래) 시장
音 シ
市役所 시청　市長 시장　都市 도시 |

| 1105 | 府
마을 부
N3 | 訓
音 フ
政府 정부　大阪府 오사카부
都道府県 도도부현(일본의 광역 자치단체인 도쿄도, 홋카이도, 오사카부, 교토부, 43개 현을 묶어 이르는 말) |

| 1106 | 県
고을 현
N4 | 訓
音 ケン
埼玉県 사이타마 현　県庁 현청　県立 현립 |

| 1107 | 庁
관청 청
N2 | 訓
音 チョウ
県庁 현청　官庁 관청　警視庁 경시청　気象庁 기상청 |

| 1108 | 区
지경 구
N4 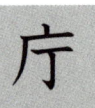 | 訓
音 ク
千代田区 치요다구　区別 구별　区役所 구청 |

1109 **域** 지경 역 N2
訓
音 イキ
地域 지역　区域 구역　領域 영역

1110 **州** 고을 주 N2
訓
音 シュウ
本州 혼슈　九州 규슈

일본어 필수 어휘 쓰기

01 읍내 まち
02 번화한 거리 まち
03 마을 むら
04 수도 みやこ
05 시장 いちば

일본어 한자 읽기

01 商店街
02 農業
03 漁村
04 京都
05 都会
06 市役所
07 県庁
08 区別
09 地域
10 本州

정답

일본어 필수 어휘 쓰기 1 町 2 街 3 村 4 都 5 市場

일본어 한자 읽기 1 しょうてんがい 2 のうぎょう 3 ぎょそん 4 きょうと 5 とかい 6 しやくしょ 7 けんちょう 8 くべつ 9 ちいき 10 ほんしゅう

56. 사물

1111 衣 옷 의 N3

訓 ころも
衣 옷 *浴衣 여름철이나 목욕 후 입는 일본 전통 옷

音 イ
衣服 의복　衣類 의류　衣装 의상

1112 服 옷 복 N4

訓
音 フク
服 옷　制服 제복, 교복　服装 복장　克服 극복
一服 (담배) 한 대, (차) 한 잔

1113 装 꾸밀 장 N2

訓 よそおう
装う 차려 입다, 그런 체하다

音 ソウ
装置 장치　装備 장비　服装 복장　包装 포장

1114 帯 띠 대 N3

訓 おび　おびる
帯 허리에 두르는 띠　帯びる (몸에) 차다, (어떤 성질/경향 등을) 띠다

音 タイ
携帯 휴대전화　包帯 붕대　熱帯 열대

'휴대전화'는 원래 일본어로 携帯電話인데, 보통 줄여서 携帯라고 부릅니다.

1115 靴 신 화 N2

訓 くつ
靴 신, 신발, 구두　靴下 양말

音 カ
製靴 제화

가죽(革)을 변화시켜 (化) 신발을 만든다는 데서 신(靴)을 의미합니다.

1116 帽 모자 모 N2

訓

音 ボウ
帽子 모자

1117
거울 경
N1

訓 かがみ
鏡 거울　*眼鏡 안경

音 キョウ
望遠鏡 망원경

1118
병 병
N1 瓶

訓

音 ビン
瓶 병　ガラス瓶 유리병　花瓶 화병　魔法瓶 보온병

1119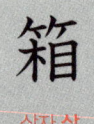
상자 상
N3

訓 はこ
箱 상자　ごみ箱 쓰레기통　箱根 하코네(지명)

音

> 대나무(竹)를 엮어서 보기 좋은 모양(相)으로 만든다는 데서 상자(箱)를 의미합니다.

1120
널빤지 판
N2

訓 いた
板 판자, 널빤지

音 ハン　バン
黒板 칠판　看板 간판　鉄板 철판　掲示板 게시판

1121
책상 궤
N2

訓 つくえ
机 책상

音 キ

1122
휘장 장
N1

訓

音 チョウ
手帳 수첩　通帳 통장　帳簿 장부
一帳羅 단 한 벌밖에 없는 옷

일본어 한자 암기비법 1200

1123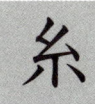
糸
실 사
N2 絲
訓 いと
糸 실　毛糸 털실　糸口 실마리, 단서
音 シ
絹糸 견사, 명주실

1124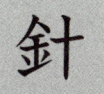
針
바늘 침
N2
訓 はり
針 바늘　針金 철사
音 シン
方針 방침

쇠(金)로 된 침(十) 모양이라는 데서 바늘(針)을 의미합니다.

1125
缶
두레박 관
N1 罐
訓
音 カン
空き缶 빈 깡통　缶詰 통조림　ドラム缶 드럼통

1126
封
봉할 봉
N2
訓
音 フウ　ホウ
封筒 봉투　封鎖 봉쇄

1127
筒
통 통
N2
訓 つつ
筒 통
音 トウ
封筒 봉투　水筒 수통, 물통

1128
粉
가루 분
N3
訓 こ　こな
粉 가루　粉薬 가루약　小麦粉 밀가루
音 フン
粉末 분말　花粉 꽃가루

쌀(米)을 나눈다(分) 즉 부순다는 것에서 잘게 부순 것, 가루(粉)를 의미하게 되었습니다.

285

1129 粒 — 낟알 립 — N2
- 訓 つぶ
  - 粒(つぶ) 낟알, 알
- 音 リュウ
  - 粒子(りゅうし) 입자　顆粒(かりゅう) 과립

1130 綿 — 솜 면 — N2
- 訓 わた
  - 綿(わた) 솜, 목화
- 音 メン
  - 綿密(めんみつ) 면밀　綿棒(めんぼう) 면봉

1131 棒 — 막대 봉 — N2
- 訓
- 音 ボウ
  - 鉄棒(てつぼう) 철봉　平行棒(へいこうぼう) 평행봉

> 犬(いぬ)も歩(ある)けば棒(ぼう)に当(あ)たる(개도 쏘다니면 몽둥이에 맞는다)라는 말이 있는데, '주제넘게 굴면 봉변을 당한다'라는 뜻입니다.

1132 銅 — 구리 동 — N2
- 訓
- 音 ドウ
  - 銅像(どうぞう) 동상　青銅(せいどう) 청동

1133 刀 — 칼 도 — N1
- 訓 かたな
  - 刀(かたな) 칼, 검
- 音 トウ
  - 日本刀(にほんとう) 일본도

1134 銃 — 총 총 — N1
- 訓
- 音 ジュウ
  - 銃(じゅう) 총　機関銃(きかんじゅう) 기관총　拳銃(けんじゅう) 권총

일본어 필수 어휘 쓰기

- 01 옷 ふく
- 02 신발 くつ
- 03 거울 かがみ
- 04 상자 はこ
- 05 책상 つくえ
- 06 실 いと
- 07 바늘 はり
- 08 가루 こな
- 09 칼 かたな

일본어 한자 읽기

- 01 衣装
- 02 制服
- 03 服装
- 04 携帯
- 05 帽子
- 06 望遠鏡
- 07 瓶
- 08 看板
- 09 手帳
- 10 方針
- 11 缶詰
- 12 封筒
- 13 鉄棒
- 14 銅像
- 15 銃

정답

일본어 필수 어휘 쓰기 1 服 2 靴 3 鏡 4 箱 5 机 6 糸 7 針 8 粉 9 刀

일본어 한자 읽기 1 いしょう 2 せいふく 3 ふくそう 4 けいたい 5 ぼうし 6 ぼうえんきょう 7 びん 8 かんばん 9 てちょう 10 ほうしん 11 かんづめ 12 ふうとう 13 てつぼう 14 どうぞう 15 じゅう

57. 음식

1135 飯 — 밥 반 — N4 — 飯
- 訓 めし: 飯 밥
- 音 ハン: ご飯(はん) 밥, 식사 / 炊飯器(すいはんき) 전기밥솥

> 반복해서(反) 먹는다(食)는 데서 밥(飯)을 의미합니다. 飯는 '밥'이나 '식사'를 의미하는데, ご飯은 이와 같은 의미로 飯(めし)를 좀 더 정중하게 부르는 표현입니다.

1136 米 — 쌀 미 — N3
- 訓 こめ: 米 쌀
- 音 マイ・ベイ: 新米(しんまい) 햅쌀, 신참 / 欧米(おうべい) 구미, 유럽과 미국

1137 欧 — 토할 구 — N2 — 歐
- 訓 —
- 音 オウ: 欧米(おうべい) 유럽과 미국 / 西欧(せいおう) 서구, 서유럽

1138 麦 — 보리 맥 — N2 — 麥
- 訓 むぎ: 麦 보리
- 音 バク: 麦芽(ばくが) 맥아

1139 豆 — 콩 두 — N1
- 訓 まめ: 豆 콩 / 枝豆(えだまめ) 풋콩 삶은 것
- 音 トウ・ズ: 豆腐(とうふ) 두부 / 納豆(なっとう) 낫토 / 大豆(だいず) 대두

1140 酒 — 술 주 — N3
- 訓 さけ・さか: 酒 술 / 酒癖(さけくせ) 술버릇 / 居酒屋(いざかや) 일본식 술집
- 音 シュ: 日本酒(にほんしゅ) 일본술, 청주

> 友人(ゆうじん)と酒(さけ)は古(ふる)いほど良(よ)いという言葉があるんですが, 말 그대로 '친구와 술은 오래될수록 좋다'라는 뜻입니다.

1141

차 다
N4

訓
音 チャ　サ

お茶 차　紅茶 홍차　茶色 갈색　茶碗 밥그릇
無茶 당치않음, 터무니없음　茶道 다도　喫茶店 찻집

> 일본어로 '차를 끓이다'는 お茶を入れる라고 합니다. 그리고 お茶を濁す는 '적당히 얼버무려 그 자리를 넘기다'라는 뜻입니다.

1142

붉을 홍
N3

訓 べに　くれない

口紅 입술연지, 립스틱　紅生姜 생강 절임

音 コウ

紅茶 홍차　紅白歌合戦 홍백가합전(NHK 연말 가요 프로)
紅葉 단풍이 듦, 단풍　*紅葉 단풍이 듦, 단풍

1143

喫

먹을 끽
N2

訓

音 キツ

喫煙 흡연　満喫 만끽　喫茶店 찻집

1144

고기 육
N4

訓

音 ニク

肉 고기　肉じゃが 고기감자조림　肉まん 고기 만두
豚肉 돼지고기　筋肉 근육　皮肉 비꼼, 빈정거림

1145

물고기 어
N5

訓 さかな　うお

魚 생선　魚屋 생선 가게　魚市場 어시장

音 ギョ

金魚 금붕어　人魚 인어

1146 野 들 야 N4

- **訓** の
  - 野原 (の はら) 들, 들판
  - 上野 (うえ の) 우에노(지명)
  - 長野 (なが の) 나가노(지명)
- **音** ヤ
  - 野菜 (や さい) 야채, 채소
  - 野球 (や きゅう) 야구
  - 分野 (ぶん や) 분야
  - 野党 (や とう) 야당
  - 野望 (や ぼう) 야망

1147 菜 나물 채 N4

- **訓** な
  - 菜の花 (な の はな) 유채(꽃)
- **音** サイ
  - 野菜 (や さい) 야채, 채소
  - 菜食 (さい しょく) 채식
  - 白菜 (はく さい) 배추
  - 山菜 (さん さい) 산나물

1148 卵 알 란 N3

- **訓** たまご
  - 卵 (たまご) 알, 계란
  - 卵焼き (たまご や き) 달걀부침, 계란말이
- **音** ラン
  - 産卵 (さん らん) 산란

> 卵(たまご)는 아직 닭이 되지 않은 상태란 의미에서 ～の卵(たまご)라고 하면 '～수련생, 수습～, 연습생' 정도의 의미가 됩니다. 作家(さっか)の卵(たまご), 歌手(かしゅ)の卵(たまご), 弁護士(べんごし)の卵(たまご)와 같이 쓸 수 있습니다.

1149 貝 조개 패 N2

- **訓** かい
  - 貝 (かい) 조개
- **音**

1150 塩 소금 염 N3 [鹽]

- **訓** しお
  - 塩 (しお) 소금
- **音** エン
  - 塩分 (えん ぶん) 염분

1151 油 기름 유 N3

- **訓** あぶら
  - 油 (あぶら) (액체) 기름
- **音** ユ
  - 石油 (せき ゆ) 석유
  - 油断 (ゆ だん) 방심
  - 油田 (ゆ でん) 유전

1152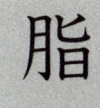
기름 지
N2

訓 **あぶら**
脂 (고체) 기름, (동물의) 지방, 비계

音 **シ**
脂肪 지방

1153
과자 과
N2

訓
音 **カ**
お菓子 과자　製菓 제과

> 초목(艹)의 열매(果)로 본래는 과일(菓)을 의미했는데, 현재는 과자의 의미로도 쓰이고 있습니다.

일본어 필수 어휘 쓰기

01 밥 めし
02 쌀 こめ
03 보리 むぎ
04 콩 まめ
05 술 さけ
06 차 おちゃ
07 입술연지 くちべに
08 고기 にく
09 생선 さかな
10 계란 たまご
11 조개 かい
12 소금 しお
13 (액체) 기름 あぶら
14 (고체) 기름 あぶら

일본어 한자 읽기

01 ご飯
02 欧米
03 納豆
04 日本酒
05 紅茶
06 喫煙
07 皮肉
08 金魚
09 野菜
10 油断
11 脂肪
12 お菓子

정답

일본어 필수 어휘 쓰기 1 飯 2 米 3 麦 4 豆 5 酒 6 お茶 7 口紅 8 肉 9 魚 10 卵 11 貝 12 塩 13 油 14 脂

일본어 한자 읽기 1 ごはん 2 おうべい 3 なっとう 4 にほんしゅ 5 こうちゃ 6 きつえん 7 ひにく 8 きんぎょ 9 やさい 10 ゆだん 11 しぼう 12 おかし

58. 요리

1154 材 재목 재 N3
訓
音 ザイ
ざいりょう 材料 재료　しゅざい 取材 취재　じんざい 人材 인재　そざい 素材 소재

나무(木)를 쓰러뜨리고 잘라내어(才) 도움이 되는 곳에 쓴다는 데서 재목(材)을 의미합니다.

1155 料 헤아릴 료 N4
訓
音 リョウ
りょうり 料理 요리　りょうきん 料金 요금　ざいりょう 材料 재료　しりょう 資料 자료
むりょう 無料 무료　きゅうりょう 給料 급여, 월급　ちょうみりょう 調味料 조미료
てすうりょう 手数料 수수료

1156 다스릴 리 N4
訓
音 リ
りゆう 理由 이유　りそう 理想 이상　りかい 理解 이해　りくつ 理屈 이치, 이론
りょうり 料理 요리　ちょうり 調理 조리, 요리　むり 無理 무리　しゅうり 修理 수리
せいり 生理 생리　せいり 整理 정리　けいり 経理 경리

1157 修 닦을 수 N2
訓 おさめる　おさまる
おさ 修める (학문을) 닦다, 수양하다
音 シュウ　シュ
しゅうり 修理 수리　しゅうせい 修正 수정　しゅうがくりょこう 修学旅行 수학여행
けんしゅう 研修 연수　しゅぎょう 修行 수행

1158 整 가지런할 정 N3
訓 ととのえる　ととのう
ととの 整える 정돈하다, 가다듬다, 갖추다
音 セイ
せいり 整理 정리　ちょうせい 調整 조정　せいび 整備 정비　せいけい 整形 정형, 성형수술

1159

불사를 소
N3

訓 やく　やける
焼く 태우다, 굽다　焼ける 타다, 구워지다　焼肉 불고기
焼きそば 일본식 볶음면　たこ焼き 문어빵
日焼け 태닝　夕焼け 저녁놀　焼きもち 질투, 시기

音 ショウ
焼酎 소주　燃焼 연소

불길(火)이 높이 올라가면서(尭) 불타다(焼)라는 의미입니다.

1160
揚
오를 양
N1

訓 あげる　あがる
揚げる 튀기다, 게양하다, 띄우다　揚げ物 튀김, 튀긴 음식

音 ヨウ
浮揚 부양　掲揚 게양

손(手)을 올린다(昜)는 데서 위로 올리다(揚)는 의미입니다.

1161

삶을 자
N1

訓 にる　にえる　にやす
煮る 삶다

音 シャ

1162
蒸
찔 증
N2

訓 むす　むれる　むらす
蒸す 찌다　蒸し暑い 무덥다, 후덥지근하다

音 ジョウ
蒸気 증기　蒸発 증발　水蒸気 수증기

1163
沸
끓을 비
N2

訓 わく　わかす
沸く 끓다, 들끓다　沸かす 끓이다, 열광시키다

音 フツ
沸騰 비등, 끓어오름

1164
漬
담글 지
N1

訓 つける　つかる
漬ける (채소 등을) 절이다, 담그다　漬物 채소절임
一夜漬け 벼락치기

音

1165
訓 こげる　こがす　こがれる　あせる
焦げる 눋다, 타다　焦がす 눋게 하다, 태우다
焦る 안달하다, 조바심하다

音 ショウ
焦点 초점

그을릴 초　N1

1166
訓 さら
皿 접시　灰皿 재떨이

音

그릇 명　N3

1167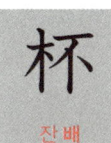
訓 さかずき
杯 술잔

音 ハイ
乾杯 건배　一杯 한 잔

잔 배　N2

1168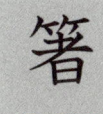
訓 はし
箸 젓가락　割り箸 1회용 젓가락

音 チョ

젓가락 저　N1 箸

1169
訓 どんぶり　どん
丼 덮밥　牛丼 쇠고기 덮밥　親子丼 닭고기 덮밥
カツ丼 돈까스 덮밥

音

우물 정　N1 일본한자

일본어 필수 어휘 쓰기

01 굽다 やく
02 튀기다 あげる
03 삶다 にる
04 찌다 むす
05 끓다 わく
06 절이다 つける
07 타다 こげる
08 접시 さら
09 젓가락 はし
10 덮밥 どんぶり

일본어 한자 읽기

01 材料
02 料理
03 修理
04 整理
05 焼酎
06 蒸気
07 焦点
08 乾杯
09 親子丼

정답

일본어 필수 어휘 쓰기 1 焼く 2 揚げる 3 煮る 4 蒸す 5 沸く 6 漬ける 7 焦げる 8 皿 9 箸 10 丼

일본어 한자 읽기 1 ざいりょう 2 りょうり 3 しゅうり 4 せいり 5 しょうちゅう 6 じょうき 7 しょうてん 8 かんぱい 9 おやこどん

59. 식물

1170 花 꽃 화 N5
- 訓 はな
  - 花 꽃
  - 花束 꽃다발
  - 花屋 꽃가게
  - 生け花 꽃꽂이
  - 花園 화원
  - 花見 꽃구경
  - 花火 불꽃놀이
  - 花嫁 신부
  - 花婿 신랑
- 音 カ
  - 花瓶 화병
  - 花粉 꽃가루

우리말의 '남의 떡이 더 커 보인다'에 해당하는 표현이 일본에서는 隣の花は赤い입니다.

1171 草 풀 초 N2
- 訓 くさ
  - 草 풀
  - 浅草 아사쿠사(지명)
- 音 ソウ
  - 雑草 잡초
  - 草原 초원
  - 草木 초목

1172 枝 가지 지 N2
- 訓 えだ
  - 枝 가지
  - 枝豆 풋콩 삶은 것
- 音 シ

나무(木)에서 갈려져 나온다(支)는 것에서 가지(枝)를 의미하게 되었습니다.

1173 竹 대 죽 N2
- 訓 たけ
  - 竹 대나무, 대
- 音 チク
  - 爆竹 폭죽

1174 桜 앵두나무 앵 N1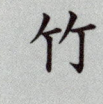
- 訓 さくら
  - 桜 벚나무, 벚꽃
- 音 オウ

1175

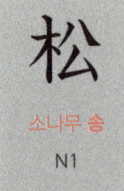

소나무 송
N1

訓 まつ
松 소나무　門松 새해에 문앞에 세우는 장식 소나무
松林 송림, 솔밭, 솔숲

音 ショウ

1176

매화나무 매
N1 梅

訓 うめ
梅 매화나무, 매실　梅干 매실 장아찌　*梅雨 장마

音 バイ

늘(毎) 아름다운 나무(木)라는 것에서 매화(梅)를 의미합니다.

1177

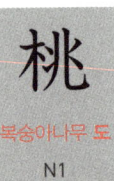

복숭아나무 도
N1

訓 もも
桃 복숭아　桃色 분홍빛, 분홍색

音 トウ

1178

심을 식
N2

訓 うえる　うわる
植える 심다　植木 정원수

音 ショク
植物 식물　移植 이식

나무(木)를 곧게(直) 세운다는 데서 심다(植)라는 의미입니다.

1179

필 소
N2

訓 さく
咲く (꽃이) 피다

音

1180 散 흩을 산 N2

訓 ちる　ちらす　ちらかす　ちらかる
散る 지다, 떨어지다, 흩어지다　散らす 흩뜨리다
散らかす 어지르다　散らかる 어지러지다

音 サン
散々(さんざん) 심하게, 몹시　散歩(さんぽ) 산책　解散(かいさん) 해산　拡散(かくさん) 확산
発散(はっさん) 발산

1181 拡 넓힐 확 N2 擴

訓

音 カク
拡大(かくだい) 확대　拡散(かくさん) 확산　拡張(かくちょう) 확장

1182 各 각각 각 N3

訓 おのおの
各(おのおの) 각자, 각각

音 カク
各地(かくち) 각지　各種(かくしゅ) 각종　各国(かっこく) 각국

1183 種 씨 종 N3

訓 たね
種(たね) 씨, 종자

音 シュ
種類(しゅるい) 종류

> 苦(く)は楽(らく)の種(たね)(고생은 낙의 씨)라는 말이 있는데, 이것은 '고생 끝에 낙이 온다'라는 말입니다.

1184 類 무리 류 N3 類

訓

音 ルイ
書類(しょるい) 서류　人類(じんるい) 인류　種類(しゅるい) 종류　分類(ぶんるい) 분류

> 類(るい)は友(とも)を呼(よ)ぶ(비슷한 류는 친구를 부른다)는 '유유상종, 끼리끼리 모이다'라는 뜻입니다.

일본어 필수 어휘 쓰기

01 꽃 はな
02 풀 くさ
03 가지 えだ
04 대나무 たけ
05 벚꽃 さくら
06 소나무 まつ
07 매실 うめ
08 복숭아 もも
09 심다 うえる
10 피다 さく
11 지다 ちる
12 씨 たね

일본어 한자 읽기

01 花瓶
02 雑草
03 爆竹
04 植物
05 拡散
06 各種
07 種類

> **정답**
> 일본어 필수 어휘 쓰기 1 花 2 草 3 枝 4 竹 5 桜 6 松 7 梅 8 桃 9 植える 10 咲く 11 散る 12 種
> 일본어 한자 읽기 1 かびん 2 ざっそう 3 ばくちく 4 しょくぶつ 5 かくさん 6 かくしゅ 7 しゅるい

60. 동물

1185 犬 / 개 견 / N4
- 訓 いぬ
  - 犬 개　子犬 작은 개, 강아지
- 音 ケン
  - 愛犬 애견　番犬 집 지키는 개

> 犬も食わぬ는 '개도 안먹을 만큼 하찮다. 아무도 거들떠보지 않는다'라는 뜻입니다. 그리고 飼い犬に手を噛まれる(기르던 개에게 손을 물린다)는 우리말의 '믿는 도끼에 발등 찍힌다'와 비슷한 표현입니다.

1186 猫 / 고양이 묘 / N2
- 訓 ねこ
  - 猫 고양이
- 音 ビョウ

> 猫に小判(고양이한테 금화)은 '값어치를 모르는 사람에게는 보물도 아무 소용이 없다'라는 뜻입니다. 借りてきた猫(빌려온 고양이)는 '평소와 달리 매우 얌전하게 있음'을 의미합니다.

1187 牛 / 소 우 / N4
- 訓 うし
  - 牛 소
- 音 ギュウ
  - 牛肉 쇠고기　牛乳 우유　牛丼 쇠고기 덮밥

1188 乳 / 젖 유 / N3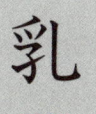
- 訓 ちち　ち
  - 乳 젖
- 音 ニュウ
  - 牛乳 우유　母乳 모유　乳製品 유제품

1189 豚 / 돼지 돈 / N1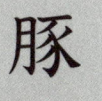
- 訓 ぶた
  - 豚 돼지　豚肉 돼지고기
- 音 トン
  - 豚カツ 돈까스

> 豚に真珠(돼지에게 진주)도 앞에 나온 표현처럼 '값어치를 모르는 사람에게는 보물도 아무 소용이 없다'라는 뜻입니다.

1190 馬 / 말 마 / N3
- 訓 うま
  - 馬 말
- 音 バ
  - 馬車 마차　競馬 경마　乗馬 승마

1191

양 양
N1

🔴訓 ひつじ
羊ひつじ 양

🔴音 ヨウ
羊毛ようもう 양모, 양털

1192

새 조
N4

🔴訓 とり
鳥とり 새　小鳥ことり 작은 새　焼き鳥やきとり 꼬치구이

🔴音 チョウ
白鳥はくちょう 백조　一石二鳥いっせきにちょう 일석이조

1193

코끼리 상
N2

🔴訓

🔴音 ショウ　ゾウ
象ぞう 코끼리　現象げんしょう 현상　対象たいしょう 대상　印象いんしょう 인상
象徴しょうちょう 상징

1194

벌레 충
N3　蟲

🔴訓 むし
虫むし 벌레　虫歯むしば 충치　弱虫よわむし 겁쟁이

🔴音 チュウ
殺虫剤さっちゅうざい 살충제　寄生虫きせいちゅう 기생충

1195

가죽 혁
N2

🔴訓 かわ
革かわ (무두질한) 가죽, 피혁

🔴音 カク
改革かいかく 개혁　革新かくしん 혁신　革命かくめい 혁명　皮革ひかく 피혁

1196

가죽 피
N2

🔴訓 かわ
皮かわ 껍질, 가죽

🔴音 ヒ
皮膚ひふ 피부　皮肉ひにく 비꼼, 빈정거림

양의 머리(羊)를 본뜬 한자입니다.

皮는 동물의 '가죽'이나 '피부', 과일의 '껍질' 등을 의미하고, 革는 구두, 가방 등 상품용으로 손질된 '가죽'을 의미합니다.

1197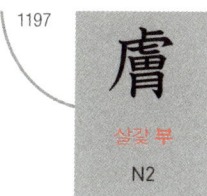
살갗 부
N2
訓
音 フ
皮膚 ひふ 피부

1198
깃 우
N2 羽
訓 は　はね
羽 (새나 곤충의) 날개, 깃털 羽田空港 하네다 공항
羽織 일본옷 위에 입는 짧은 겉옷
音 ウ
羽毛 깃털

깃털의 모양을 본 뜬 한자로 羽を伸ばす는 '날개를 펴다, 자유롭게 행동하다'라는 뜻입니다.

1199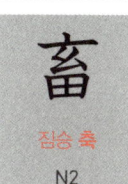
짐승 축
N2
訓
音 チク
家畜 가축 畜産業 축산업

1200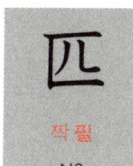
짝 필
N2
訓 ひき
~匹 ~마리(가축, 물고기, 벌레 등 크지 않은 동물을 셀 때 쓰는 말)
音 ヒツ
匹敵 필적

일본어 필수 어휘 쓰기

01 개 いぬ
02 고양이 ねこ
03 소 うし
04 젖 ちち
05 돼지 ぶた
06 말 うま
07 양 ひつじ
08 새 とり
09 코끼리 ぞう
10 벌레 むし
11 가죽 かわ
12 껍질 かわ
13 날개 はね
14 한 마리 いっぴき

일본어 한자 읽기

01 愛犬
02 牛乳
03 豚カツ
04 競馬
05 一石二鳥
06 印象
07 殺虫剤
08 改革
09 皮膚
10 家畜
11 匹敵

정답

일본어 필수 어휘 쓰기 1 犬 2 猫 3 牛 4 乳 5 豚 6 馬 7 羊 8 鳥 9 象 10 虫 11 革 12 皮 13 羽 14 一匹

일본어 한자 읽기 1 あいけん 2 ぎゅうにゅう 3 とんカツ 4 けいば 5 いっせきにちょう 6 いんしょう 7 さっちゅうざい 8 かいかく 9 ひふ 10 かちく 11 ひってき

추가 일본어 306
누락 교육한자 307
일본 이름 읽기 311
한자 인덱스 312

추가 일본어

謎(なぞ) 수수께끼 (수수께끼 미)	翼(つばさ) 날개 (날개 익)
鬼(おに) 귀신 (귀신 신)	尻(しり) 엉덩이 (꽁무니 고)
魂(たましい) 혼, 정신 (넋 혼)	曖昧(あいまい) 애매함 (가릴 애 / 새벽 매)
塊(かたまり) 덩어리, 집단, 무리 (덩어리 괴)	犠牲(ぎせい) 희생 (희생 희 / 희생 생)
幻(まぼろし) 환상, 환영, 허깨비, 덧없는 것 (변할 환)	卑怯(ひきょう) 비겁함 (낮을 비 / 겁낼 겁)
虹(にじ) 무지개 (무지개 홍)	嫉妬(しっと) 질투 (시기할 질 / 샘낼 투)
塾(じゅく) 사설 학원 (글방 숙)	詐欺(さぎ) 사기 (속일 사 / 속일 기)
寮(りょう) 기숙사, 숙소 (벼슬아치 료)	矛盾(むじゅん) 모순 (창 모 / 방패 순)
扉(とびら) 문짝, 속표지 (문짝 비)	謙虚(けんきょ) 겸허함, 겸손함 (겸손할 겸 / 빌 허)
鍵(かぎ) 열쇠 (열쇠 건)	賄賂(わいろ) 뇌물 (뇌물 회 / 뇌물 줄 뢰)
穴(あな) 구멍 (구멍 혈)	幽霊(ゆうれい) 유령 (그윽할 유 / 신령 령)
汁(しる) 국물, 즙 (즙 즙)	頻繁(ひんぱん) 빈번함 (자주 빈 / 번성할 번)
闇(やみ) 어둠, 암흑 (닫힌 문 암)	溺れる(おぼれる) 물에 빠지다 (빠질 닉)

본문에 누락된 교육한자 (N1)

里	마을 리 (訓: さと 音: リ)	里親^{さとおや} 양부모　里子^{さとご} 수양아들(딸)
弓	활 궁 (訓: ゆみ 音: キュウ)	弓^{ゆみ} 활　弓道^{きゅうどう} 궁도
矢	화살 시 (訓: や 音: シ)	矢^や 화살　矢印^{やじるし} 화살표
汽	김 기 (訓: 音: キ)	汽車^{きしゃ} 기차
宮	대궐 궁 (訓: みや 音: キュウ グウ ク)	迷宮^{めいきゅう} 미궁　宮廷^{きゅうてい} 궁정　宮崎県^{みやざきけん} 미야자키 현
笛	피리 적 (訓: ふえ 音: テキ)	笛^{ふえ} 피리　口笛^{くちぶえ} 휘파람　警笛^{けいてき} 경적
昭	밝을 소 (訓: 音: ショウ)	昭和^{しょうわ} 쇼와(일본의 平成^{へいせい} 이전의 연호)
芽	싹 아 (訓: め 音: ガ)	芽^め 싹　芽生え^{めばえ} 싹틈　発芽^{はつが} 발아　麦芽^{ばくが} 맥아
紀	벼리 기 (訓: 音: キ)	21世紀^{せいき} 21세기　紀元前^{きげんぜん} 기원전
旗	기 기 (訓: はた 音: キ)	旗^{はた} 기　国旗^{こっき} 국기
郡	고을 군 (訓: こおり 音: グン)	郡^{ぐん} 도도부현 이외의 지역(지리적 구획)
径	지름길 경 (訓: 音: ケイ)	半径^{はんけい} 반경　直径^{ちょっけい} 직경
士	선비 사 (訓: 音: シ ジ)	戦士^{せんし} 전사　富士山^{ふじさん} 후지산　博士^{はかせ} 박사
氏	각시 씨 (訓: うじ 音: シ)	彼氏^{かれし} 남자친구　氏名^{しめい} 성명　田中氏^{たなかし} 다나카 씨
唱	노래 창 (訓: となえる 音: ショウ)	唱える^{となえる} 외치다　合唱^{がっしょう} 합창　独唱^{どくしょう} 독창
倉	곳집 창 (訓: くら 音: ソウ)	倉^{くら} 창고　倉庫^{そうこ} 창고
巣	집 소 (訓: す 音: ソウ)	巣^す 집, 둥지　卵巣^{らんそう} 난소　巣窟^{そうくつ} 소굴
腸	창자 장 (訓: 音: チョウ)	胃腸^{いちょう} 위장　大腸^{だいちょう} 대장　盲腸^{もうちょう} 맹장
票	표 표 (訓: 音: ひょう)	投票^{とうひょう} 투표　伝票^{でんぴょう} 전표

脈	맥 **맥** (訓: 音: ミャク)	動脈 동맥　文脈 문맥　人脈 인맥
養	기를 **양** (訓: やしなう 音: ヨウ)	養う 기르다　教養 교양　栄養 영양
益	더할 **익** (訓: 音: エキ ヤク)	利益 이익　公益 공익　有益 유익
往	갈 **왕** (訓: 音: オウ)	往復 왕복　往来 왕래　往診 왕진
賀	하례 **하** (訓: 音: ガ)	年賀状 연하장
幹	줄기 **간** (訓: みき 音: カン)	幹 나무줄기　幹部 간부　新幹線 신칸센
眼	눈 **안** (訓: まなこ 音: ガン ゲン)	眼科 안과　肉眼 육안　眼鏡 안경
句	글귀 **구** (訓: 音: ク)	句 (문장의) 구　文句 불평
護	보호할 **호** (訓: 音: ゴ)	保護 보호　弁護士 변호사
舎	집 **사** (訓: 音: シャ)	田舎 시골
序	차례 **서** (訓: ついで 音: ジョ)	序列 서열　順序 순서
織	짤 **직** (訓: おる 音: ショク シキ)	織る (직물 등을) 짜다　織物 직물　組織 조직
舌	혀 **설** (訓: した 音: ゼツ)	舌 혀　舌打ち 혀를 참
属	엮을 **속** (訓: 音: ゾク)	属する 속하다　所属 소속　付属 부속　金属 금속
徳	덕 **덕** (訓: 音: トク)	徳 덕　徳用 덕용
肥	살찔 **비** (訓: こえる こやす こやし 音: ヒ)	肥やす 살찌우다　肥満 비만　肥料 비료
俵	흙을 **표** (訓: たわら 音: ヒョウ)	俵 섬, 가마니　土俵 씨름판
沿	내려갈 **연** (訓: そう 音: エン)	沿う 따르다　沿岸 연안
閣	문설주 **각** (訓: 音: カク)	内閣 내각　閣僚 각료
揮	휘두를 **휘** (訓: 音: キ)	発揮 발휘　指揮 지휘
郷	시골 **향** (訓: 音: キョウ ゴウ)	故郷 고향
系	이을 **계** (訓: 音: ケイ)	系統 계통　系列 계열　太陽系 태양계

憲	법 헌 (訓: 音: ケン)	憲法 헌법
絹	명주 견 (訓: きぬ 音: ケン)	絹 비단, 실크　絹糸 견사, 명주실
己	자기 기 (訓: おのれ 音: コ)	自己 자기　利己主義 이기주의
后	임금 후 (訓: きさき 音: コウ)	皇后 황후
孝	효도 효 (訓: 音: コウ)	親孝行 효도
皇	임금 황 (訓: 音: コウ オウ)	皇帝 황제　皇室 황실　天皇 천황
鋼	강철 강 (訓: はがね 音: コウ)	鉄鋼 철강
穀	곡식 곡 (訓: 音: コク)	穀物 곡물
蚕	누에 잠 (訓: かいこ 音: サン)	養蚕 양잠
裁	마를 재 (訓: たつ さばく 音: サイ)	裁く 재판하다　裁判 재판　裁断 재단
策	채찍 책 (訓: 音: サク)	対策 대책　政策 정책
至	이를 지 (訓: いたる 音: シ)	至る 이르다　至急 매우 급함
磁	자석 자 (訓: 音: ジ)	磁石 자석　磁力 자기력
尺	자 척 (訓: さし 音: シャク)	尺度 척도
樹	나무 수 (訓: 音: ジュ)	樹木 수목　果樹園 과수원
宗	마루 종 (訓: 音: シュウ ソウ)	宗教 종교
就	이룰 취 (訓: つく つける 音: シュウ ジュ)	就く 종사하다　就職 취직　就任 취임
衆	무리 중 (訓: 音: シュウ シュ)	公衆 공중　群衆 군중
縦	늘어질 종 (訓: たて 音: ジュウ)	縦 세로　縦断 종단
熟	익을 숙 (訓: うれる 音: ジュク)	成熟 성숙　未熟 미숙　熟語 숙어
誠	정성 성 (訓: まこと 音: セイ)	誠に 참으로　誠実 성실
宣	베풀 선 (訓: 音: セン)	宣伝 선전　宣言 선언　宣告 선고

奏	아뢸 주 (訓: かなでる 音: ソウ)	奏でる 연주하다　演奏 연주　伴奏 반주
誕	태어날 탄 (訓: 音: タン)	誕生 탄생　誕生日 생일
潮	조수 조 (訓: しお 音: チョウ)	潮 조수　潮流 조류
討	칠 토 (訓: うつ 音: トウ)	検討 검토　討論 토론　討議 토의
糖	사탕 당 (訓: 音: トウ)	砂糖 설탕
肺	허파 폐 (訓: 音: ハイ)	肺 폐　肺炎 폐렴
俳	광대 배 (訓: 音: ハイ)	俳優 배우　俳句 하이쿠(일본 고유의 단시)
班	나눌 반 (訓: 音: ハン)	班長 반장
奮	떨칠 분 (訓: ふるう 音: フン)	興奮 흥분　奮闘 분투
陛	천자 폐 (訓: 音: ヘイ)	陛下 폐하
幕	막 막 (訓: 音: マク バク)	幕 막　開幕 개막　幕府 막부
盟	맹세할 맹 (訓: 音: メイ)	同盟 동맹　連盟 연맹　加盟 가맹
模	법 모 (訓: 音: モ ボ)	模様 모양　模型 모형　模擬 모의　模範 모범
臨	임할 림 (訓: のぞむ 音: リン)	臨む 임하다　臨時 임시　臨終 임종

일본 이름 읽기

長澤まさみ	ながさわまさみ
長瀬智也	ながせともや
仲間由紀恵	なかまゆきえ
中島美嘉	なかしまみか
中山美穂	なかやまみほ
二宮和也	にのみやかずなり
竹野内 豊	たけのうちゆたか
竹内結子	たけうちゆうこ
堂本 剛	どうもとつよし
松たか子	まつたかこ
松本 潤	まつもとじゅん
松嶋菜々子	まつしまななこ
松下奈緒	まつしたなお
松山ケンイチ	まつやまケンイチ
松浦亜弥	まつうらあや
村上春樹	むらかみはるき
宮崎あおい	みやざきあおい
宮崎 駿	みやざきはやお
水野美紀	みずのみき
沢尻エリカ	さわじりエリカ
坂口憲二	さかぐちけんじ
佐藤健	さとうたける
反町隆史	そりまちたかし
鈴木杏	すずきあん
篠原涼子	しのはらりょうこ
白石美帆	しらいしみほ
柴咲コウ	しばさきコウ
新垣結衣	あらがきゆい
安室奈美恵	あむろなみえ
阿部 寛	あべひろし
浅田真央	あさだまお
綾瀬はるか	あやせはるか
蒼井優	あおいゆう
相武紗季	あいぶさき
矢田亜希子	やだあきこ
山田孝之	やまだたかゆき
山下智久	やましたともひさ
榮倉奈々	えいくらなな
小栗 旬	おぐりしゅん
織田裕二	おだゆうじ
岡田将生	おかだまさき
岡田准一	おかだじゅんいち
渡辺謙	わたなべけん
米倉涼子	よねくらりょうこ
上野樹里	うえのじゅり
上戸彩	うえとあや
内山理名	うちやまりな
宇多田ヒカル	うただヒカル
井上真央	いのうえまお
石橋貴明	いしばしたかあき
石原さとみ	いしはらさとみ
伊東美咲	いとうみさき
妻夫木聡	つまぶきさとし
堤 真一	つつみしんいち
土屋アンナ	つちやアンナ
金城 武	かねしろたけし
亀梨和也	かめなしかずや
香取慎吾	かとりしんご
菅野美穂	かんのみほ
倖田来未	こうだくみ
倉木麻衣	くらきまい
黒木メイサ	くろきメイサ
窪塚洋介	くぼづかようすけ
草なぎ 剛	くさなぎつよし
桐谷美玲	きりたにみれい
木村拓哉	きむらたくや
北川景子	きたがわけいこ
北野 武	きたのたけし
北乃きい	きたのきい
田中麗奈	たなかれな
玉木 宏	たまきひろし
武井咲	たけいえみ
滝沢秀明	たきざわひであき
戸田恵梨香	とだえりか
常盤貴子	ときわたかこ
浜崎あゆみ	はまさき あゆみ
速水もこみち	はやみもこみち
堀北真希	ほりきたまき
藤原紀香	ふじわらのりか
藤原竜也	ふじわらたつや
藤木直人	ふじきなおひと
深田恭子	ふかだきょうこ
深津絵里	ふかつえり
広末涼子	ひろすえりょうこ

한자 인덱스

ㄱ

가	仮	133	개	開	90	경	京	279	공	工	229
가	稼	192	객	客	193	경	鏡	284	공	公	275
가	価	193	갱	更	261	경	傾	32	공	空	59
가	可	209	거	去	25	경	軽	47	과	誇	160
가	加	211	거	居	274	경	硬	49	과	科	184
가	歌	220	거	挙	30	경	景	55	과	課	185
가	暇	251	거	巨	41	경	耕	61	과	果	239
가	街	279	건	健	178	계	界	123	과	過	25
가	家	69	건	件	196	계	計	127	과	菓	291
각	覚	138	건	建	227	계	季	19	관	官	120
각	刻	226	건	乾	90	계	階	194	관	慣	183
각	各	299	검	検	237	계	械	229	관	館	220
각	角	37	격	撃	218	계	係	233	관	観	222
각	脚	78	격	格	245	계	届	98	관	関	232
간	看	177	격	激	255	고	考	139	관	管	238
간	刊	189	견	犬	301	고	苦	158	관	缶	285
간	簡	256	견	堅	49	고	告	167	광	狂	179
간	間	26	견	肩	78	고	故	198	광	鉱	277
간	干	90	견	見	82	고	雇	206	광	広	45
감	感	140	견	遣	96	고	枯	267	광	光	60
감	勘	147	결	決	149	고	庫	275	괴	怪	255
감	減	264	결	結	169	고	古	40	괴	壊	259
감	甘	52	결	潔	254	고	高	43	교	交	112
강	降	118	결	欠	212	고	固	48	교	較	149
강	康	178	경	敬	106	곡	曲	262	교	教	182
강	講	185	경	境	124	곡	谷	60	교	校	183
강	強	40	경	驚	163	곤	困	256	교	郊	276
개	個	128	경	経	205	골	骨	79	교	橋	277
개	改	133	경	競	214	공	共	132	교	絞	93
개	介	169	경	警	217	공	恐	159	구	球	117
개	皆	66	경	更	261	공	供	200	구	九	13
			경	頃	28	공	攻	218	구	久	133

구	求	143	급	給	206	뇌	脳	180	도	徒	182
구	構	150	급	級	231	능	能	209	도	導	186
구	救	174	급	急	84	니	泥	63	도	逃	215
구	究	240	긍	肯	233				도	盗	216
구	具	248	기	寄	113	**ㄷ**			도	塗	227
구	区	280	기	奇	144	다	茶	289	도	度	246
구	欧	288	기	祈	144	다	多	39	도	都	280
구	旧	41	기	気	178	단	断	153	도	刀	286
구	口	75	기	基	188	단	段	194	도	桃	298
구	殴	93	기	記	189	단	単	256	도	島	61
국	国	119	기	器	218	단	団	270	도	渡	99
국	局	178	기	技	223	단	短	43	독	独	169
군	群	129	기	機	228	달	達	67	독	毒	180
군	軍	217	기	期	27	담	担	150	독	読	82
군	君	66	기	肌	77	담	談	108	돈	豚	301
굴	屈	252	기	起	87	답	曇	20	돌	突	93
굴	掘	94	긴	緊	211	답	答	82	동	憧	159
권	勧	149	끽	喫	289	답	踏	92	동	冬	19
권	券	207				당	党	120	동	働	198
권	巻	226	**ㄴ**			당	堂	135	동	同	248
권	権	228	난	難	256	당	当	34	동	凍	267
궤	机	284	난	暖	51	대	貸	100	동	銅	286
귀	帰	111	남	南	31	대	対	154	동	東	31
귀	貴	204	남	男	65	대	待	168	동	童	68
규	叫	107	납	納	155	대	袋	189	동	動	92
규	規	121	낭	娘	70	대	隊	217	두	豆	288
균	均	123	내	内	34	대	代	261	두	頭	74
극	劇	223	내	匂	57	대	帯	283	둔	鈍	243
극	極	246	녀	女	65	대	大	39	득	得	155
근	勤	199	년	年	27	대	台	223	등	登	113
근	根	244	념	念	265	도	到	111	등	等	124
근	近	45	노	怒	162	도	道	116	등	灯	272
근	筋	79	노	努	209	도	図	117			
금	禁	240	농	農	279	도	途	135	**ㄹ**		
금	今	25	농	濃	48	도	賭	151	라	裸	80
금	金	16	뇌	悩	140	도	倒	179	락	絡	110

락	落	97	료	了	231	매	每	17	문	文	187
락	楽	157	료	料	293	매	買	192	문	聞	82
란	乱	257	루	涙	162	매	売	192	물	物	98
란	卵	290	루	漏	260	매	梅	298	미	迷	150
람	覽	222	류	流	110	매	妹	71	미	未	26
래	来	110	류	留	183	매	埋	94	미	美	251
랭	冷	51	류	類	299	맥	麦	288	미	微	256
략	略	134	륙	陸	217	면	勉	184	미	米	288
량	量	128	륜	輪	78	면	面	251	미	味	53
량	良	44	률	律	120	면	綿	286	민	民	119
량	涼	51	률	率	236	면	眠	87	밀	密	145
량	両	69	리	離	169	멸	滅	266			
려	励	164	리	利	228	명	鳴	162	**ㅂ**		
려	旅	220	리	理	293	명	命	171	박	泊	113
려	戻	111	리	裏	36	명	皿	295	박	博	151
력	歷	119	리	履	89	명	明	52	박	薄	48
력	力	209	린	隣	36	명	名	67	반	返	100
련	連	110	림	林	61	모	暮	172	반	般	135
련	恋	166	립	粒	286	모	募	206	반	反	154
련	練	183	립	立	88	모	帽	283	반	半	27
렬	列	129				모	母	70	반	飯	288
령	令	171	**ㅁ**			모	毛	74	발	発	106
령	領	195	마	魔	212	목	木	16	발	抜	232
령	零	212	마	馬	301	목	目	75	발	髪	74
령	齢	28	마	磨	89	몽	夢	144	방	訪	113
례	例	133	만	慢	124	묘	墓	174	방	防	214
례	礼	146	만	万	14	묘	妙	256	방	放	216
로	路	116	만	満	160	묘	猫	301	방	方	32
로	労	199	만	晩	23	무	無	147	방	坊	87
로	露	21	만	湾	276	무	貿	195	배	倍	128
로	老	250	말	末	17	무	務	205	배	杯	295
록	録	189	망	忘	138	무	武	218	배	背	79
록	緑	56	망	望	143	무	舞	223	배	拝	94
론	論	187	망	亡	173	묵	黙	105	배	配	99
뢰	頼	144	망	忙	251	문	問	108	백	百	13
료	療	176	매	枚	127	문	門	184	백	白	56

번	番	128
벌	罰	216
범	犯	216
법	法	120
벽	壁	269
벽	癖	94
변	弁	147
변	変	261
변	辺	35
별	別	167
병	病	176
병	兵	218
병	瓶	284
병	並	85
보	普	112
보	補	212
보	保	238
보	報	244
보	歩	84
보	宝	98
복	福	157
복	復	180
복	複	257
복	服	283
복	僕	66
복	腹	79
본	本	188
봉	封	285
봉	棒	286
부	復	179
부	部	131
부	付	167
부	副	188
부	負	210
부	符	226
부	否	233

부	富	249
부	腐	262
부	浮	264
부	府	280
부	膚	303
부	父	70
부	婦	72
부	夫	72
북	北	31
분	分	27
분	粉	285
불	不	159
불	払	192
불	仏	276
비	非	132
비	秘	145
비	比	149
비	批	153
비	悲	158
비	費	206
비	備	234
비	沸	294
비	鼻	75
비	飛	84
빈	貧	249
빙	氷	21

人

사	糸	285
사	史	119
사	四	12
사	司	120
사	思	139
사	謝	164
사	飼	172
사	死	173

사	師	182
사	詞	188
사	事	198
사	仕	198
사	社	204
사	邪	211
사	射	218
사	写	221
사	査	237
사	似	248
사	寺	276
사	砂	62
사	私	65
사	伺	82
사	使	96
사	捨	97
사	辞	200
산	算	127
산	産	172
산	散	299
산	酸	53
산	山	59
살	殺	173
삼	三	12
삼	森	61
삽	渋	53
상	相	107
상	常	132
상	詳	138
상	像	140
상	想	140
상	傷	179
상	商	193
상	賞	193
상	状	245
상	床	269

상	箱	284
상	上	30
상	象	302
색	色	55
생	生	171
생	省	154
서	署	131
서	誓	156
서	緒	244
서	西	31
서	暑	51
서	書	83
석	惜	158
석	夕	23
석	昔	25
석	石	60
석	席	88
선	船	115
선	線	116
선	善	133
선	選	149
선	先	24
선	鮮	254
설	説	155
설	雪	20
설	設	227
성	声	106
성	成	146
성	省	154
성	性	245
성	盛	267
성	城	277
성	星	60
성	姓	67
세	税	120
세	世	123

세	勢	210
세	歳	28
세	細	47
세	洗	88
소	騒	105
소	笑	162
소	紹	168
소	訴	217
소	素	243
소	消	266
소	掃	271
소	所	274
소	焼	294
소	咲	298
소	小	39
소	少	39
소	召	83
속	束	145
속	続	232
속	速	40
손	損	173
손	孫	71
송	送	112
송	松	298
쇄	刷	190
수	数	127
수	水	16
수	授	182
수	受	184
수	収	195
수	輸	196
수	捜	236
수	守	238
수	修	293
수	痩	48
수	誰	66
수	首	74
수	手	77
숙	宿	185
순	順	128
순	純	244
술	述	108
술	術	223
습	習	183
습	湿	21
습	襲	216
습	拾	97
승	昇	113
승	乗	117
승	承	141
승	勝	210
시	視	147
시	示	222
시	始	231
시	試	238
시	時	26
시	市	280
식	識	138
식	息	171
식	式	207
식	飾	226
식	拭	271
식	植	298
식	食	83
신	申	107
신	神	121
신	臣	121
신	信	140
신	身	169
신	伸	264
신	新	40
신	辛	52
실	実	134
실	失	146
실	室	182
심	尋	108
심	心	157
심	深	44
십	十	13
쌍	双	70

ㅇ

아	我	66
아	児	67
악	楽	157
악	悪	44
악	握	93
안	案	34
안	安	43
안	岸	59
안	顔	74
암	暗	52
암	岩	60
압	圧	179
압	押	94
앙	央	35
애	愛	166
액	額	76
액	液	80
앵	桜	297
야	夜	23
야	野	290
약	約	145
약	薬	177
약	若	250
약	弱	40
양	様	121
양	洋	125
양	譲	150
양	揚	294
양	羊	302
양	陽	47
어	語	105
어	御	204
어	漁	279
어	魚	289
억	億	14
언	言	104
엄	厳	242
엄	俺	66
업	業	200
여	余	265
여	与	99
역	訳	104
역	駅	117
역	逆	155
역	易	195
역	役	199
역	域	281
연	然	132
연	演	222
연	研	240
연	延	265
연	燃	266
연	軟	49
연	煙	62
열	熱	51
염	染	262
염	塩	290
엽	葉	104
영	英	105
영	迎	112
영	営	205
영	映	221

영	影	262	우	雨	20	유	幼	250	임	任	150
영	栄	266	우	郵	227	유	油	290	임	妊	172
영	永	41	우	優	242	유	乳	301	임	賃	206
영	泳	84	우	右	31	유	柔	49	입	入	111
예	予	233	우	牛	301	유	有	67	입	込	257
예	鋭	243	우	羽	303	육	六	13			
예	預	98	우	隅	37	육	育	172	ㅈ		
예	芸	223	우	友	67	육	肉	289	자	自	124
오	五	12	운	雲	20	은	銀	195	자	者	177
오	誤	239	운	運	99	은	隠	236	자	字	188
오	午	24	원	円	194	은	恩	250	자	資	245
오	汚	254	원	願	144	음	音	106	자	煮	294
오	奥	72	원	院	177	음	飲	83	자	姿	55
옥	玉	194	원	元	178	읍	泣	162	자	子	70
옥	屋	269	원	員	204	응	応	211	자	姉	71
온	温	52	원	援	211	의	意	139	자	刺	93
온	穏	243	원	原	234	의	疑	140	작	作	225
와	訛	105	원	源	245	의	依	144	작	昨	24
완	完	131	원	園	275	의	議	154	잔	残	265
완	頑	210	원	遠	45	의	医	177	잠	潜	84
완	腕	78	월	月	16	의	義	185	잡	雑	257
왕	王	121	월	越	234	의	衣	283	장	臓	180
외	外	34	위	慰	164	이	易	195	장	章	187
요	要	143	위	胃	180	이	二	12	장	障	198
요	曜	17	위	委	204	이	異	248	장	張	210
요	揺	260	위	衛	214	이	以	30	장	将	26
요	腰	79	위	偉	242	이	耳	75	장	場	274
욕	欲	143	위	違	248	이	移	99	장	蔵	274
욕	浴	88	위	危	255	익	翌	24	장	装	283
용	容	196	위	囲	257	인	認	141	장	帳	284
용	用	206	위	位	97	인	印	190	장	長	43
용	踊	220	유	由	124	인	因	234	재	載	117
용	勇	242	유	誘	153	인	人	65	재	再	133
용	溶	267	유	遺	174	인	引	94	재	在	174
우	宇	125	유	癒	176	일	一	12	재	才	209
우	偶	132	유	遊	220	일	日	17	재	財	270

재	材 …… 293	점	点 …… 212	조	兆 …… 267	중	仲 …… 69
쟁	争 …… 214	접	接 …… 259	조	鳥 …… 302	증	証 …… 207
저	著 …… 190	정	停 …… 115	조	早 …… 39	증	贈 …… 112
저	狙 …… 215	정	政 …… 119	조	祖 …… 70	증	憎 …… 159
저	貯 …… 274	정	精 …… 135	조	操 …… 77	증	増 …… 264
저	箸 …… 295	정	定 …… 233	조	眺 …… 85	증	蒸 …… 294
저	底 …… 37	정	正 …… 242	조	燥 …… 90	지	地 …… 116
저	低 …… 43	정	丁 …… 243	족	族 …… 69	지	知 …… 138
저	遅 …… 40	정	情 …… 244	족	足 …… 78	지	志 …… 139
적	的 …… 136	정	程 …… 246	존	尊 …… 106	지	紙 …… 189
적	跡 …… 145	정	静 …… 254	존	存 …… 174	지	誌 …… 190
적	寂 …… 158	정	庭 …… 270	졸	卒 …… 185	지	支 …… 239
적	績 …… 200	정	町 …… 279	종	従 …… 155	지	止 …… 240
적	滴 …… 21	정	整 …… 293	종	終 …… 231	지	脂 …… 291
적	敵 …… 214	정	井 …… 295	종	種 …… 299	지	漬 …… 294
적	積 …… 266	정	頂 …… 99	좌	左 …… 30	지	枝 …… 297
적	適 …… 35	제	諸 …… 122	좌	座 …… 87	지	池 …… 62
적	赤 …… 56	제	第 …… 129	죄	罪 …… 216	지	指 …… 78
전	専 …… 184	제	際 …… 134	주	舟 …… 115	지	持 …… 96
전	伝 …… 104	제	制 …… 151	주	駐 …… 115	직	職 …… 200
전	電 …… 115	제	題 …… 185	주	宙 …… 125	직	直 …… 259
전	殿 …… 121	제	提 …… 200	주	注 …… 139	진	振 …… 168
전	全 …… 131	제	祭 …… 220	주	週 …… 17	진	真 …… 221
전	戦 …… 214	제	製 …… 225	주	住 …… 172	진	進 …… 232
전	展 …… 222	제	済 …… 231	주	株 …… 207	진	珍 …… 255
전	前 …… 24	제	除 …… 271	주	昼 …… 23	진	震 …… 260
전	銭 …… 275	제	弟 …… 71	주	柱 …… 271	질	質 …… 108
전	田 …… 61	조	照 …… 163	주	州 …… 281	질	叱 …… 163
전	畑 …… 61	조	遭 …… 168	주	酒 …… 288	집	集 …… 237
전	転 …… 85	조	助 …… 174	주	周 …… 35		
절	絶 …… 154	조	釣 …… 195	주	主 …… 71	**ㅊ**	
절	節 …… 19	조	条 …… 196	주	走 …… 84	차	借 …… 100
절	切 …… 225	조	造 …… 225	죽	竹 …… 297	차	車 …… 115
절	折 …… 226	조	朝 …… 23	준	準 …… 234	차	差 …… 167
점	占 …… 151	조	組 …… 232	중	中 …… 35	차	次 …… 25
점	店 …… 192	조	調 …… 237	중	重 …… 47	착	着 …… 89

찬	賛	146
찰	札	194
찰	察	217
참	惨	158
참	参	211
창	創	225
창	窓	269
채	採	205
채	菜	290
책	責	164
책	冊	188
처	妻	72
처	処	97
천	千	14
천	天	20
천	浅	44
천	川	59
천	泉	62
철	鉄	117
첩	貼	227
첩	畳	270
청	晴	20
청	清	254
청	庁	280
청	青	56
체	体	77
체	諦	155
체	替	261
체	締	89
초	招	107
초	初	231
초	超	234
초	秒	27
초	焦	295
초	草	297
촉	触	92

촌	村	279
총	総	205
총	銃	286
최	最	44
추	秋	19
추	追	215
추	推	232
추	醜	251
축	祝	221
축	築	227
축	縮	265
축	畜	303
춘	春	19
출	出	111
충	充	134
충	忠	134
충	虫	302
취	酔	179
취	吹	21
취	臭	57
취	取	96
측	測	127
측	側	31
층	層	272
치	恥	157
치	治	176
치	値	194
치	歯	75
치	置	97
칙	則	122
친	親	69
칠	七	13
침	沈	264
침	枕	270
침	針	285
침	寝	87

ㅋ
| 쾌 | 快 | 160 |

ㅌ
타	他	135
타	打	92
탁	濯	88
탄	炭	276
탈	奪	238
탈	脱	89
탐	探	236
탑	塔	277
탕	湯	275
태	駄	147
태	怠	199
태	態	246
태	太	47
택	宅	271
토	土	17
토	吐	83
통	統	105
통	通	112
통	痛	176
통	筒	285
퇴	退	252
투	投	92
특	特	132

ㅍ
파	破	259
파	波	62
파	派	96
판	坂	116
판	判	153
판	版	190
판	販	192

판	板	284
팔	八	13
패	敗	146
패	貝	290
팽	膨	260
편	片	167
편	便	228
편	編	237
평	平	123
평	評	153
폐	閉	90
포	怖	159
포	褒	163
포	飽	166
포	捕	215
포	包	226
포	布	270
포	泡	63
포	抱	93
폭	暴	239
폭	爆	260
폭	幅	45
표	標	233
표	表	36
품	品	193
풍	風	21
풍	豊	249
피	被	173
피	疲	179
피	避	215
피	皮	302
피	彼	65
필	必	131
필	筆	189
필	匹	303

ㅎ

하	夏	19	향	向	32	호	戸	269	황	荒	255
하	何	26	향	香	57	호	湖	62	황	黄	57
하	下	30	허	許	164	혹	惑	150	회	懐	158
하	河	60	헌	軒	271	혼	婚	169	회	悔	159
하	荷	98	험	験	184	혼	混	257	회	会	168
학	学	183	험	険	255	홍	紅	289	회	回	180
한	限	151	혁	革	302	화	話	104	회	絵	221
한	恨	164	현	賢	243	화	和	123	회	灰	63
한	漢	187	현	県	280	화	火	16	획	画	221
한	寒	51	현	現	36	화	化	187	횡	横	36
한	汗	80	혈	血	80	화	画	221	효	効	228
할	割	259	혐	嫌	166	화	華	250	후	候	212
함	含	151	협	脅	163	화	靴	283	후	後	24
합	合	249	협	協	209	화	花	297	후	厚	48
항	航	116	협	挟	266	화	貨	98	훈	訓	182
항	抗	154	협	狭	45	확	確	236	휘	輝	250
항	港	276	형	型	55	확	拡	299	휴	休	199
해	害	173	형	形	55	환	環	124	흉	胸	79
해	解	239	형	兄	71	환	換	261	흑	黒	56
해	海	59	혜	恵	249	환	丸	56	흡	吸	83
행	行	110	호	呼	107	활	活	171	흥	興	53
행	幸	157	호	号	128	활	滑	85	희	希	143
향	響	262	호	互	135	황	慌	163	희	喜	162
			호	好	166	황	況	245	힐	詰	260